Mosaik bei
GOLDMANN

Buch

Für alle Abnehmwilligen gibt es eine Fülle an Diäten, die allesamt wundersame Gewichtsverluste versprechen – doch unser innerer Schweinehund, der uns immer wieder mit einer Tafel Schokolade auf dem Sofa sitzen lässt, findet keinen Geschmack an diesen Wunderkuren.
Dr. Michael Despeghel kennt diese Probleme und Tücken und setzt ihnen sein Orgien-Prinzip entgegen. Fettreduzierte Ernährung sowie Ausdauer- und Kraft-Training finden sich auch in seinem Programm, doch werden Sie von drei »Orgientagen« pro Woche ausbalanciert, an denen völlig ungeniert gegessen werden darf. Mit diesem Prinzip lässt sich Heißhungerattacken weitgehend vorbeugen, und auch Schuldgefühle beim Genuss »verbotener« Lebensmittel kommen nicht auf. Und das Beste ist natürlich: Man nimmt ab und hält sein Gewicht.

Autor

Dr. Michael Despeghel ist seit rund zwanzig Jahren erfahrener Experte für präventivmedizinische Fragestellungen. Der Sportwissenschaftler ist Spezialist für gesunde Lebensführung und Lebensstiländerung. Neben seinen Vorträgen und Seminaren, in denen sich mittlerweile rund 250 000 Menschen von dem konkreten Nutzen seiner Konzepte überzeugt haben, schreibt er eine Kolumne für die Zeitschrift »GQ« und bringt mit seinen Büchern »für faule Säcke« die Deutschen auf Trab.

Von Dr. Michael Depeghel außerdem bei Mosaik bei Goldmann
Fitness für faule Säcke (16842)

Dr. Michael Despeghel

Fett weg für faule Säcke

Abnehmen mit
dem Orgien-Prinzip

Mosaik bei
GOLDMANN

Alle Ratschläge und Hinweise in diesem Buch wurden vom Autor und vom Verlag sorgfältig erwogen und geprüft. Eine Garantie kann dennoch nicht übernommen werden. Eine Haftung des Autors beziehungsweise des Verlags für Personen-, Sach- und Vermögensschäden ist daher ausgeschlossen.

Bildnachweis
S. 11: Despeghel und Partner/Jan Greune; S. 78–80, 234–236: Metzgerei Strzelecki; Schweinehund: Photodisc, Inc.; alle weiteren Fotos von Stephan Wieland, Düsseldorf/ Cornelis Gollhardt, Köln.

FSC
Mix
Produktgruppe aus vorbildlich bewirtschafteten Wäldern und anderen kontrollierten Herkünften

Zert.-Nr. SGS-COC-1940
www.fsc.org

Verlagsgruppe Random House FSC-DEU-0100
Das für dieses Buch verwendete FSC-zertifizierte Papier *Munken Print* liefert Arctic Paper Munkedals AB, Schweden.

1. Auflage
Vollständige Taschenbuchausgabe Januar 2007
Wilhelm Goldmann Verlag, München,
in der Verlagsgruppe Random House GmbH

Umschlaggestaltung: Design Team München
Umschlagmotiv: Stephan Wieland, düsseldorf/Cornelis Gollhardt, Köln
Satz: Buch-Werkstatt GmbH, Bad Aibling
Druck und Bindung: GGP Media GmbH, Pößneck
WR · Herstellung: Han
Printed in Germany
ISBN 978-3-442-16900-9

www.mosaik-goldmann.de

Inhalt

Vorwort

Schon wieder ein Ratgeber über Gewichtsreduktion und gesunde Ernährung? Hat die Welt etwa noch nicht genug? Ihr Einwand ist berechtigt, denn in der Tat gibt es Tausende solcher Publikationen und mindestens ebenso viele Ideen abzunehmen. So gibt es zwar seit 30 Jahren Diäten, die eine fettreduzierte Ernährung propagieren – und dennoch waren wir in der gesamten Menschheitsgeschichte noch niemals so dick. Über 50 % der Menschen in Europa sind übergewichtig – und bei denjenigen, die 3 bis 6 kg zu viel auf die Waage bringen, sitzt der Großteil in Deutschland.

Die vielen Ratgeber haben also anscheinend einen Haken: Sie halten nicht, was sie versprechen, sie sind am Schreibtisch ausgedacht und weder lebensnah noch durchführbar.

Hier sieht es anders aus: Dieses Buch ist aus Praxiserfahrungen entstanden. In sechs verschiedenen Studien wurde das Konzept auf Herz und Niere geprüft – die bekannteste hiervon ist die Studie der Zeitschrift »Focus« aus dem Sommer 2003, die einigen unter Ihnen vielleicht noch in Erinnerung ist. In diesen Langzeitstudien konnten das Konzept überprüft und die Erfolge dokumentiert werden. Das alles hat mich dazu bewogen, ein neues Buch auf den Markt zu bringen. Es soll Abhilfe schaffen, wenn die Hose kneift, der Blick in den Spiegel statt guter Laune Frust verursacht und die Treppenstufen in den zweiten Stock so viel Mühe machen wie die in den fünften.

Eines ist jedoch ganz sicher: Sie sind mit diesem Problem in bester Gesellschaft. 48 % aller Deutschen wollen dasselbe wie Sie, und es sollten eigentlich noch mehr sein – schließlich sind rund 50 % der Frauen und 60 % der Männer zu dick; die Quittung für die grassierende Bewegungsunlust und die fatalen Essgewohnheiten. Aber was können Sie nun tun? Vielleicht sind Sie ja »Wiederholungstäter« und haben sich diese Frage schon oft gestellt und auch schon mehrfach beantwortet. »5 Pfund in fünf Tagen!«, hieß dann die Lösung, und da Sie ja clever sind, rechneten Sie schnell hoch und kamen zu dem Ergebnis, dass Sie damit in 1,5 Monaten gute 20 kg abnehmen könnten – wenn Sie nur durchhielten. Dass solche Versprechungen nicht eingehalten werden können, versteht sich eigentlich von selbst, und dennoch sind auch Sie schon darauf hereingefallen? Aber jetzt soll es anders werden?

Gut! Mit dem hier vorgestellten PRÄMIEN-Konzept kriegen Sie tatsächlich und langfristig Ihr Fett weg und tun Wichtiges für Ihre Gesundheit, denn PRÄMIE kommt von »präventiv-medizinisch«.

2+2+4 lautet meine Formel – und denjenigen unter Ihnen, die mein Vorgänger-Buch »Fitness für faule Säcke« gelesen haben, dürfte das Prinzip vertraut sein:

Beim PRÄMIEN-Konzept geht es weder um sportliche Höchstleistungen noch um Askese bei der Ernährung, vielmehr geht es um eine behutsame Umstellung Ihrer Bewegungs- und Ernährungsgewohnheiten, mit deren Hilfe Sie langfristig und dauerhaft abnehmen und Ihr Gewicht halten können. Mit 2×20 Minuten Ausdauer-, 2×20 Minuten Krafttraining und vier fettreduzierten Basis-Tagen pro Woche werden Sie garantiert die ungeliebten Pölsterchen los, ohne sich selbst kasteien zu müssen. Und das besondere Schmankerl: Ihnen bleiben ganze drei Orgien-Tage pro Woche, an denen Sie auch mal sündigen dürfen. Haben Sie also keine Angst vor Horror-Szenarien à la: »Das war nun der letzte Zwetschgenkuchen mit Streusel meines Lebens – wie soll es jetzt bloß weitergehen?« So etwas müssen Sie bei mir nicht erleiden. Denn auch ohne Askese und sklavisches Kalorienzählen können Sie eine langfristige und dauerhafte Gewichtsreduktion erreichen – mit dem PRÄMIEN-Konzept.

Zudem schlagen Sie damit gleich mehrere Fliegen mit einer Klappe, denn Ihre Gewichtsreduktion

- steigert Ihr Wohlbefinden und Ihr Selbstwertgefühl,
- macht Sie beweglicher,
- macht Sie stressresistenter,
- senkt das Herz-Kreislauf-Risiko,
- normalisiert die diabetische Stoffwechsellage,
- reguliert Stoffwechselstörungen,
- ist eine Krebsvorsorge,
- ist also rundum positiv für Ihre Gesundheit.

Ich setze nicht auf Radikalkuren und nicht auf eine kurzfristige Gewichtsreduktion. Es geht mir um eine langfristige Veränderung Ihrer Ess- und Bewegungsgewohnheiten zugunsten Ihrer Figur, Ihrer Laune, Ihrer Fitness und Ihrer Gesundheit. Machen Sie sich aber nichts vor: So ganz ohne Willensstärke können Sie nicht abnehmen, schließlich müssen Sie jahrelang angewöhnte Verhaltensweisen dauerhaft korrigieren. Aber auch hier versuche ich, Ihnen zu helfen. Die innere Stimme, die uns zu Eiscreme und Pommes frites verführen möchte, hat nämlich ein Gesicht bekommen: Sie ist der innere Schweinehund, den es zu überwinden gilt.

Dieser schlimme Verführer wird Ihnen im Buch sehr oft begegnen, mitsamt seinen perfidesten Argumenten – denen wir gemeinsam den Wind aus den Segeln nehmen werden und dem Sie daher in Zukunft viel leichter widerstehen können.

Viel Erfolg und gute Laune beim Essen, Bewegen und Wohlfühlen wünscht Ihnen Ihr

Dr. Michael Despeghel

Die schönste Hauptsache der Welt

Essen gehört wie Trinken und Schlafen zu den Grundbedürfnissen des Menschen. Ging es dem frühgeschichtlichen Jäger und Sammler jedoch zunächst einfach nur darum, durch Nahrungsaufnahme zu überleben, so entwickelte er nach seinem Sesshaftwerden bald auch ein Bewusstsein dafür, dass Speisen durch die Zugabe von Kräutern und durch bestimmte Garmethoden noch besser schmecken. Waren es zuerst nur die regionalen Beigaben wie einheimische Kräuter, Beeren und Wurzeln, die zur Verfeinerung dienten, erweiterten sich diese Möglichkeiten schnell, als neue Gebiete erschlossen und Reisen unternommen wurden. Der kulturelle Austausch und neue Handelsbeziehungen brachten auch neue Gewürze und neue Speisen und ermöglichten die Entwicklung dessen, was wir heute Kochkunst nennen.

Jedoch ist die schmackhafte Zubereitung der Speisen nur die eine Seite der Esskultur – die andere wird von den Tischsitten und dem Essverhalten gebildet.

Ein Löffelchen für Mama, ein Löffelchen für Papa?

In einer Gesellschaft bedeutet Essen viel mehr als nur biologische Notwendigkeit. Es bereitet Vergnügen, fördert oder erleichtert die Kommunikation und steigert die Lebensqualität.

So ist ein Fest ohne gemeinsames Essen schwer vorstellbar. Mit Leuten, die wir nicht mögen, wollen wir nicht an einem Tisch sitzen, und die Tischordnung bei größeren Feierlichkeiten will wohl überlegt sein. Wir essen, um uns zu belohnen, aber auch, um uns zu trösten: Das Wort Kummerspeck kommt nicht von ungefähr. Auch ist der Magen ein Organ, das auf seelische Zustände empfindlich reagiert: »Etwas ist mir auf den Magen geschlagen«, ist ein geflügeltes Wort, und dass einem der »Bissen im Halse stecken bleibt«, hat wohl jeder schon einmal erlebt.

Die enge Verbindung zwischen seelischem Befinden und Essverhalten wird schon ganz früh hergestellt. Dient das Stillen des Säuglings erst einmal nur dazu, ihn körperlich zu versorgen, so stellt das Säugen gleichzeitig den innigsten Körperkontakt zwischen Mutter und Kind dar. Später werden dann Süßigkeiten zur Belohnung verteilt oder als Strafe entzogen. Wenn ein Kind den Teller leer isst, scheint am nächsten Tag angeblich wieder die Sonne. Und an das Löffelchen für Mama und das Löffelchen für Papa kann sich jeder noch erinnern. Essen auch Sie aus allen möglichen Gründen und weniger deshalb, weil Sie tatsächlich Hunger haben?

Wie tafelten die alten Römer?

Dass ein gemeinsames Essen eine ganz wunderbare und lustvolle Angelegenheit sein kann, wussten bereits die alten Römer. Nachdem sich deren Vorfahren von den kulinarischen Fesseln der Jäger- und Sammlergesellschaft lösen konnten, war in besonderem Maße das Rom der Antike, aufgrund seiner Lage, seiner Handelsbeziehungen und seiner kulturellen Errungenschaften, dazu geeignet, eine Esskultur auszubilden. Besonders das Festmahl wurde hoch geschätzt und diente sowohl gesellschaftlichen als auch geschäftlichen Zwecken. Für ein solches Essen speiste man auf Liegesofas und wurde von Musikern und Gauklern während der Gänge unterhalten.

Die Liegesofas sind leider aus der Mode gekommen, aber auch heute noch ist besonders in Italien das Essen ein gesellschaftliches Ereignis, das nicht nur der Nahrungsaufnahme dient. Nicht umsonst nimmt ein Italiener 75 % seiner Nahrung in der Öffentlichkeit zu sich, also in Bars, Restaurants und Gaststätten. Im Gegensatz zur nordeuropäischen Esskultur wird das Essen in Italien bewusster und intensiver erlebt und hat einen ungleich höheren Stellenwert. Unabhängig von gesellschaftlicher Zugehörigkeit, Alter und Geschlecht – Essen war und ist für die Italiener ein soziales und kommunikatives Ereignis.

Was die Geselligkeit und den sozialen Stellenwert des Essens angeht, scheint es ein generelles Nord-Süd-Gefälle zu geben: Noch heute ist beispielsweise das Servieren des Mittagessens in der Türkei als Sozialleistung vertraglich festgelegt und das gemeinsame Essen die Regel und nicht die Ausnahme.

Schnell mal zwischendurch ...

Gemeinsame Essen ohne Stress und Hektik sind in unserer Gesellschaft für die meisten Menschen zur großen Seltenheit geworden. Die soziale Bedeutung dieser besonderen Gemeinsamkeit ist uns wohl noch bewusst, aber wir haben schlicht die Zeit dafür verloren. Das Wichtigste ist schließlich, dass es schnell geht. Uns darüber Gedanken zu machen, was wir essen und wie wir essen, scheint für viele die pure Zeitverschwendung zu sein.

Irgendetwas ist schiefgegangen auf unserem Weg ins Schlaraffenland. Zwar sind auch heute noch Feste ohne Essen kaum denkbar, aber die tagtägliche Nahrungsaufnahme hat sich grundlegend verändert. Schauen wir uns doch einmal einen normalen Arbeitsalltag an:

Ein ganz normaler Ess-Alltag

- Ist man erst einmal vom Wecker grob um den Schlaf gebracht, hilft alles nichts: Raus aus den Federn und

Zwischendurch statt Schokolade oder Chips lieber Rohkost knabbern.

forsch ans Tageswerk. Schließlich will auch heute viel zu viel erledigt werden. Wenn überhaupt, gibt es neben den zwei Tassen Kaffee schnell ein gebuttertes Brötchen oder ein Croissant, belegt mit Käse, Wurst oder Marmelade. Meistens fehlt jedoch hierzu die Zeit, denn das Büro ruft, der tägliche Stau wartet, die Kinder müssen in den Kindergarten gebracht werden – da heißt es: Keine Zeit verlieren, hastig den Kaffee hinunterstürzen und das Brötchen auf dem Weg zum Auto oder zur Bahn hinunterschlingen. Schön ist das nicht, das wissen Sie selbst, aber wie soll sonst alles bewältigt werden?

- Gerade so hat wieder mal alles geklappt. Trotz des Staus, des grässlichen Autofahrers neben Ihnen, der Sie nicht einfädeln lassen wollte, und Ihrer beiden Kinder, die sich frühmorgens liebend gerne darüber streiten, auf welcher Seite sie sitzen, konnten Sie pünktlich auf Ihrem Bürostuhl Platz nehmen. Aber bald schon stellt sich ein Hungergefühl ein. Wie sollte es auch anders sein? Schließlich hält Weißbrot nicht lange vor, und der Blutzuckerspiegel sinkt nach einem jähen Hoch rasch wieder ab. Was kann man nun essen? Vielleicht einen Schokoriegel? Oder noch ein belegtes Brötchen? Am besten beides, schließlich braucht man bei dem Stress was für die Nerven.

- In der Mittagspause haben Sie dann noch einiges zu erledigen. Überweisungen müssen getätigt, ein paar Dinge besorgt werden. Für das Essen bleibt wieder einmal kaum Zeit. Höchstens eine Pizza mit Thunfisch können Sie im Laufen hinunterschlingen oder noch ein belegtes Brötchen oder aber eine Currywurst mit Pommes frites!
- Entscheiden Sie sich für die Kantine, sieht es dort in der Regel auch nicht besser aus: Viel Fettes gibt es und leider wenig Frisches. Was nimmt man? Vielleicht den Klassiker »Nürnberger Rostbratwürstchen mit Bratkartoffeln und Sauerkraut« oder den »Rheinischen Sauerbraten mit Kartoffelpüree und Rotkohl«?
- So richtig wohl fühlt man sich nicht danach. Wieder einmal wurde viel zu schnell viel zu viel und dann auch noch Fettes gegessen. Jetzt hat man einen Kloß im

Magen und bräuchte dringend ein Nickerchen – aber das geht natürlich nicht. Deshalb soll schnell noch ein Kaffee Abhilfe schaffen, bevor man mit dem Aufzug wieder in den zweiten Stock fährt und sich an seinem Schreibtisch niederlässt. Da kann man sich jetzt gar nicht vorstellen, jemals wieder aufzustehen … nach einer weiteren Stunde hat sich das Tief aber nochmals verstärkt, so dass nur noch ein weiterer Kaffee und Schokolade vor dem absoluten Absturz retten können. Zum Glück hat man ja im Büro immer was vorrätig …

- Endlich ist Feierabend! Jetzt heißt es, noch rasch ein paar Einkäufe erledigen und dann schön entspannen.
- Aufs Kochen haben Sie keine Lust mehr, aber etwas essen möchten Sie schon – warum also nicht die leckere TK-Pizza oder die Fertig-Lasagne in den Ofen schieben? Das geht schließlich schnell. Oder Sie legen schnell einen Stop in der Filiale eines großen amerikanischen Fast-Food-Unternehmens ein.
- Und selbst wenn es nicht ganz so schlimm kommt und wir uns selbst was kochen, wird mit dem Fett nicht zimperlich umgegangen. Gerne tapsen wir in Fettfallen, weil wir es einfach nicht besser wissen, und schon schlägt unser Salat wegen des Dressings mit jeder Menge Fett zu Buche. Und wenn wir uns für ein belegtes Brot entscheiden, gibt es auch dort viele hundert Kalorien, die wir so gar nicht gewollt haben.

- Danach gibt's zum Fernsehfilm der Woche Schokolade oder Chips und etwas Wein oder Bier – und ermattet legen wir uns dann zur Ruhe …
- Als Ergebnis lässt sich festhalten: Jeder Zweite wäre gerne schlanker.

Wenn der Schweinehund mal wieder zupackt …

Ja, was denkt sich denn der Desphegel? Soll ich nach Feierabend dann noch lange in der Küche stehen und Grünzeug schnibbeln?
Warum eigentlich nicht? Kochen kann nach einem anstrengenden Tag nämlich sehr entspannend sein. Und von »lange« spricht ja niemand. Es gibt tolle Rezepte, die gesund sind, schnell gehen und auch noch klasse schmecken.

Geht es Ihnen ähnlich – oder wissen Sie es eigentlich gar nicht so genau, was Sie den ganzen Tag so »zwischendurch« konsumieren? Für alle, die sich noch nie darüber Gedanken gemacht haben, und für diejenigen, die meinen, Bescheid zu wissen, bringt der 7-Tage-Test wirklich Gewissheit.

Der 7-Tage-Test: Was esse ich wirklich?

Tragen Sie sieben Tage lang wirklich alles ein, was Sie an Getränken und Speisen zu sich nehmen, und überschlagen Sie die Fett- und Kalorienmenge, die Sie so täglich, und hauptsächlich ganz nebenbei, konsumieren. Dabei hilft Ihnen die website »www.fatfinder.de«. Ganz wichtig ist dabei, dass Sie es wirklich sehr genau nehmen und nichts, was Sie essen oder trinken, vergessen. Bei diesem Vorhaben ist es das Einfachste, wenn Sie die Tabelle ständig mit sich führen und sofort notieren, wenn Sie etwas essen. Ich bin mir sicher, dass bei den meisten unter Ihnen ganz Erstaunliches zu Tage kommt.

Wir leben im Überfluss, aber vor gar nicht allzu langer Zeit waren Lebensmittel in ausreichendem Maße für die meisten Menschen nicht selbstverständlich. Ein sparsamer Umgang mit Lebensmitteln, die Saisonabhängigkeit der Zutaten, bestimmte Gerichte nur für Festtage und der besondere Wert von Fleisch kennzeichneten das Essverhalten. Schlaraffenland-Fantasien und das Märchen vom »Tischlein-deck-dich« spiegeln eindrucksvoll die Sehnsucht nach Nahrungsmitteln wider. Heutzutage ist es in unserer Gesellschaft anders: Das Schlaraffenland ist Wirklichkeit geworden. Das Problem besteht nun eher darin, aus einer riesigen Angebotspalette das Richtige auszusuchen und nur dann zu essen, wenn wir Hunger haben.

	Montag	Dienstag	Mittwoch	Donnerstag	Freitag	Samstag	Sonntag
Getränke und Lebensmittel mit Fettmenge							
Fettmenge insgesamt							

Essen – die große Kompensation

In der jeweiligen Situation erscheint den meisten Menschen ihre Ess-Entscheidung sinnvoll und richtig. Erst, wenn sie über ihr Verhalten nachdenken und ihnen Zusammenhänge bewusst werden, merken sie, dass es die unterschiedlichsten Gründe gibt, warum sie essen.

Ein Grund, der eher selten vorkommt, ist Hunger. Essen hat in unserer Gesellschaft eine hohe Bedeutung. Ohne Nahrungsaufnahme verhungern wir, wir stillen mit dem Essen aber noch ganz andere Bedürfnisse.

Bereits Säuglinge lernen, dass Essen mit Geborgenheit und Zärtlichkeit verbunden ist. Essen ist deshalb für viele Menschen der pure Genuss. Darüber hinaus hat das gemeinsame Essen der Familie eine kommunikative Funktion, wenn dabei die neuesten Ereignisse ausgetauscht und wichtige Dinge besprochen werden. Auch die soziale Funktion des Essens ist von großer Bedeutung, und so trifft man sich mit Freunden und Kollegen in regelmäßigen Abständen gerne zum Essen. Eine fast schon »wirtschaftliche Funktion« kann das Essen haben, wenn dabei Verhandlungen geführt und Geschäfte abgeschlossen werden.

Essen ist somit eigentlich etwas Positives, und alles könnte so schön sein – wenn wir nur richtig damit umgehen könnten. Und genau hier liegt das Problem, das vielfältige Ursachen haben kann. Abgesehen von schwer wiegenden Krankheiten wie Magersucht, Bulimie und die so genannte Fettsucht, die ärztlicher Hilfe bedürfen, gibt es jedoch Verhaltensweisen, die zu Übergewicht und gesundheitlichen Schäden führen und die man auch ohne ärztliche Hilfe erkennen und verändern kann.

Die grundlegenden Einstellungen zum Essen werden bereits im Kindesalter erlernt; in jedem Elternhaus herrschen bestimmte Regeln bezüglich des Essens. So darf Essen nicht weggeworfen und der Teller muss leer gegessen werden. Darüber hinaus kann Essen jedoch auch ein Trostspender sein oder als Belohnung fungieren. Wenn das Kind ein gutes Zeugnis nach Hause bringt, bekommt es sein Lieblingsessen, und wenn es Geburtstag hat, sowieso.

Essen wird eingesetzt, um Kinder ruhig zu stellen, wenn sie stören oder Aufmerksamkeit fordern. So lernen Kinder schon früh, Langeweile mit Essen zu bekämpfen oder das Bedürfnis nach Zuwendung stellvertretend durch Essen zu stillen.

♫ Ich will keine Schokolade, ich will lieber einen Mann ♫

Außerdem gibt es noch den Heißhunger auf Süßes. Dabei geht es in Wahrheit fast immer um Stimmungsverbesserung. Hier sollte man sich vor Augen führen, dass es wirklich bessere Dinge gibt, um Frust abzubauen, als sich Übergewicht anzufuttern – ganz abgesehen davon, dass Süßes Heißhungerattacken regelrecht provoziert, indem es mit unserem Blutzuckerspiegel eine Berg- und Talfahrt veranstaltet. Den dringenden Wunsch nach Essen, weil es einem nicht gut geht, kennt wahrscheinlich jeder und jede. Frustessen nennt man das, wenn bei Liebeskummer die eine oder andere Tafel Schokolade verschlungen wird. Aber da niemand permanent Liebeskummer hat, ist in diesem bestimmten Fall auch keine Gefahr in Form von Übergewicht in Verzug.

Handlungsbedarf besteht, wenn zu oft das Falsche gegessen wird oder wenn das Essen aus Kummer, Langeweile, Frust oder einfach nur so, ohne vorhandenes Hungergefühl, überhand genommen hat, die Hose kneift und man sich in seiner eigenen Haut nicht mehr wohl fühlt.

Essen soll aber auch Enttäuschungen, Angst, Ärger oder Langeweile vertreiben. Essen ist das Mittel der Wahl, um es sich mal so richtig gut gehen zu lassen und sich für etwas zu belohnen. Essen soll dazu dienen, Unangenehmes fernzuhalten und Schönes zu erleben.

Erste Schritte hin zum neuen Essverhalten

Menschen, die übermäßig und zu viel essen, sollten zunächst prüfen, wann sie essen.

Essen Sie, wenn Sie ängstlich oder ärgerlich sind, oder eher, wenn Sie sich einsam oder abgelehnt fühlen? Essen Sie, wenn Ihnen langweilig ist, wenn Sie traurig sind oder wenn Sie ein schlechtes Gewissen plagt? Essen Sie bei besonderen Glücksgefühlen, bei Ausgelassenheit, vor unangenehmen Aufgaben oder wenn Sie sich belohnen wollen?

Oder essen Sie aus Appetit? Eigentlich ist der Magen schon gefüllt,und trotzdem hat man Hunger auf etwas ganz Bestimmtes.

Der Appetit zeigt oftmals das reale Fehlen bestimmter Nährstoffe an.

So paradox das klingen mag: Trotz Übergewicht leiden viele Menschen an einer Unterversorgung bestimmter Nährstoffe. Weil sie zu viel vom Falschen und zu wenig vom Richtigen zu sich nehmen. Prüfen Sie, worauf Sie Appetit haben, sonst laufen Sie Gefahr, alles Mögliche zu essen, ohne zu einem befriedigenden Ergebnis zu kommen. Die Missachtung des Appetits führt zudem häufig zu unkontrollierten Essattacken.

Zuallererst sollten Sie also feststellen, warum Sie essen, und lernen, zwischen körperlichem Hunger und seeli-

Wenn der Schweinehund mal wieder zupackt ...

Ach Papperlapapp: Wenn ich mal am kalten Büffet zuschlage, was ist denn schon dabei!
Wie bei allem kommt es aber auch hier auf die Dosis an. Wenn Sie mal zuschlagen, zu viel essen und zu viel trinken, dann ist das sicher nicht schädlich, sondern nur sehr menschlich. Mit jedem geht der Schweinehund mal durch. Aber: Zu oft praktiziert zeigt dieses Verhalten genau die Langzeitwirkungen, die Sie besser kennen, als Ihnen lieb ist ...

schem Verlangen zu unterscheiden. Sie bestimmen selbst, was, wann, warum und wie viel Sie essen. Niemand soll hier gezwungen werden, auf den Riegel Schokolade zu verzichten, der ihm so gut tut. Sie müssen sich aber im Klaren darüber sein, dass Ihre Energiebilanz verändert werden muss, wenn Sie Ihr Übergewicht wirklich reduzieren wollen. Und Abnehmen kann nur der, der sein Essverhalten umstellt. Darüber hinaus verbrennen Sie natürlich auch mit Sport und Bewegung Kalorien. Aber wie viel Energie braucht man eigentlich pro Tag? Sicher möchte ich Sie nicht zum sklavischen Kalorienzählen bringen – das führt zu nichts außer zu Rechenstress –, andererseits kann ein minimaler Überblick nicht schaden.

Übergewichtige Menschen müssen mehr verbrennen, als sie zu sich nehmen – nur so können sie abnehmen.

Ein paar Zahlen ...

Der individuelle Energiebedarf pro Tag setzt sich zusammen aus Grundumsatz plus Leistungsumsatz. Der Grundumsatz ist dabei die Energie, die benötigt wird, um die Körperfunktionen aufrechtzuerhalten, und ist abhängig von Alter, Geschlecht, Größe und Gewicht. Der Leistungsumsatz ist die Energie, die zur Durchführung von selbstbestimmter Muskelarbeit gebraucht wird – hier schlägt sich also jede ausgeführte Bewegung auf der Haben-Seite nieder.

Kalorienbedarf-Richtwerte

Alter	Männer (kcal)	Frauen (kcal)
19–24	2500	2200
25–50	2400	2000
51–65	2200	1800
über 65	1900	1700

Natürlich sind das nur Richtwerte. Durch die Formel Grundumsatz + Leistungsumsatz = Energiebedarf wird aber ersichtlich, dass Bewegung in unserem Leben wirklich wichtig ist. Und mit der Bewegung schlägt man gleich zwei Fliegen mit einer Klappe: Die Bewegung der Muskeln lässt nämlich den Grundumsatz steigen, und damit steigt auch der Leistungsumsatz.

Eine gute Altersvorsorge

Wenn Sie an Ihre Zukunft denken, müsste es Ihnen eigentlich recht leicht fallen, diese drei Punkte zu beherzigen, denn dass wir immer älter werden, ist statistisch bewiesen. Ob wir uns dabei wohl fühlen und fit bleiben, entscheiden wir allerdings hauptsächlich selbst. Als Mann werden Sie im Durchschnitt 76 Jahre alt, als Frau 82 Jahre. Im Vergleich zu unseren Urgroßeltern haben wir also eine fast doppelt so hohe Lebenserwartung. Aber was erwarten wir von den zusätzlichen Jahren? Denn ein erfülltes und selbstständiges Leben im Alter zu führen – das ist leider eher die Ausnahme als die Regel geworden.

Ein Blick in die Arztpraxen, Krankenhäuser und Pflegeheime beweist: Altersvorsorge ist nicht nur eine finanzielle Geschichte. Indem Sie sich um Ihre Gesundheit kümmern, stellen Sie in der Gegenwart die Weichen dafür, wie Sie sich in der Zukunft fühlen.

Mein Ziel ist es, Ihnen zu helfen, sich wohler zu fühlen und gesünder zu werden – jetzt und in Zukunft.

Gewichtsreduktion durch drei Faktoren:

- bewusst essen
- fettarm essen
- Bewegung

Gut Ding will Weile haben

Bewusst zu essen heißt aber auch langsam zu essen. Das Gehirn braucht 20 Minuten, um dem Körper zu melden, dass Sie satt sind. Wer zu schnell isst, isst deshalb fast immer zu viel.

Machen Sie sich immer wieder bewusst, dass Essen viel zu schön ist, um ihm so wenig Beachtung zu schenken. Beobachten Sie also erst einmal Ihr Essverhalten, die Umstände und Gefühle, die Sie beim Essen haben. Essen Sie nur dann, wenn Sie auch Hunger haben, und nur das, was Ihrem Appetit entspricht. Lassen Sie Essen auf dem Teller, wenn Sie keinen Hunger mehr haben, und sorgen Sie für mehr Bewegung in Ihrem Leben. Ihr Körper und Ihre Laune werden es Ihnen danken.

Wenn der Schweinehund mal wieder zupackt …

Der Schweinehund ist ein Haustier der etwas unangenehmeren Art. Es gibt ihn in rauen Mengen, und eigentlich hat jeder diesen ungebetenen Gast zu Hause. Irgendwann hat er sich bei uns häuslich niedergelassen und versucht seitdem, so oft wie möglich den Ton anzugeben. Gegen unseren Willen und gegen jedes bessere Wissen setzt er allzu oft seinen Kopf durch, und wir sind ihm trotz Maulkorbzwang scheinbar hilflos ausgeliefert. Immer wieder gelingt es ihm ohne allzu große Anstrengung, die guten Vorsätze in uns im Keim zu ersticken. Der Schweinehund ist der Bösewicht. Er manipuliert unser Denken und Handeln, bestimmt unsere Lebensgewohnheiten und ist Verursacher vieler Krankheiten und Widrigkeiten. Das Übergewicht mit allen aus ihm resultierenden Leiden und depressiven Stimmungen, die sich aus dem körperlichen Unwohlsein und dem schlechten Gewissen ergeben, gehört vor allem dazu.

Das Wunschgewicht ist für viele Menschen ein scheinbar unerreichbares Ziel – dabei braucht es gar nicht so viel, um diesen Traum wahr werden zu lassen. Klar, ganz ohne Willensstärke geht es nicht, denn schließlich müssen langjährige Verhaltensweisen verändert werden. Dennoch geht es leichter, als man denkt, und es bedarf hierzu nicht des Hungerns, des Fastens und des Kurens. Geduld, Vernunft, Bewegung und die richtige Einstellung sind die besten Voraussetzungen, den Schweinehund an die Kette zu legen. Dass der sich mit allen Mitteln und Raffinessen wehrt, versteht sich von selbst. Hier seine perfidesten Argumente bei Frauchen, Herrchen und allgemein:

Zur Sportschau brauch ich einfach ein lecker Bierchen mit was dabei!

Das Beste ist: Daran müssen Sie nichts ändern! Wenn Sie das Wochenende zu den Orgien-Tagen machen (das sind die Tage, an denen Sie Ihren Schweinehund an der langen Leine lassen können), dann gibt es am Sportschau-Snack nichts auszusetzen. Problematisch wird es, wenn am Dienstag die Skatrunde ruft, am Mittwoch ein Länderspiel ansteht, donnerstags die Kegelfreunde warten und freitags der Stammtisch stattfindet – und es jedes Mal zum lecker Bierchen auch Pizza, Pommes oder Currywurst gibt …

In meinem Alter kann man sich eben nicht so einfach ändern!

Das ist ja eine richtige Allround-Ausrede! Natürlich ist der Mensch ein Gewohnheitstier, aber sehen Sie das doch einmal als Vorteil. Sobald Sie nämlich eine gewisse Durststrecke, also die Zeit der Umstellung, überwunden haben, hat Ihr Körper andere Gewohnheiten akzeptiert. Und das bedeutet, dass Ihnen dann Ihre neue Ernährung und etwas mehr Bewegung in Fleisch und Blut übergegangen sind. Dass es allerdings bis dorthin den inneren Schweinehund zu überwinden gilt – das versteht sich doch eigentlich von selbst, oder? Aber wenn Sie wirklich wollen, dann können Sie das auch – schließlich haben das schon ganz andere vor Ihnen geschafft.

Ein paar Reserven braucht man doch!

Sicher: In Zeiten der Not und Lebensmittelknappheit, der schlechten ärztlichen Versorgung und im Ausnahmezustand braucht man Reserven. Aber das entspricht nicht mehr unseren Lebensumständen. Wir können zwischen Tausenden von Produkten wählen, wir haben wirklich genug zu essen, und auch morgen sieht es nicht anders aus, und wenn wir krank sind, dann gibt es jede Menge Ärzte, die uns behandeln. Von Notzeiten kann also keine

Rede sein – und genau deshalb zieht auch das Reserve-Argument nicht.

So eine klapprige Bohnenstange will doch auch keiner!

Ach, übrigens: Eine klapprige Bohnenstange soll aus Ihnen ja auch gar nicht werden. Sie sollen sich weder selbst kasteien noch eine Radikalkur machen. Das Gewicht, das Sie erreichen wollen, bestimmen Sie und sonst niemand. Mit einer gesunden und ausgewogenen Ernährung, gepaart mit moderater Bewegung, können Sie gar keine Bohnenstange werden, sondern erhalten eine gute Figur und Ihre natürliche Gesundheit.

In meinem Alter muss man sich entscheiden: Entweder eine gute Figur oder ein schönes Gesicht!

Das ist ein Vorurteil, das es auszuräumen gilt: Ein Mensch, der mit sich und seinem Körper im Einklang ist, der sich gesund ernährt und an der frischen Luft etwas für seine Fitness tut, strahlt von innen, und das spiegelt sich ganz besonders in seinem Gesicht wider. Von Augenringen, fahler Haut und Aufgeschwemmtheit durch schlechte Ernährung und Übergewicht ist da keine Spur. Schwierig wird es nur dann, wenn Ihr Körper ständig größeren Gewichtsschwankungen ausgesetzt ist und die Haut sich schnell dehnen und wieder zusammenziehen muss.

Ich werde schon vom Zuschauen dick!

Da muss Magie ihre Finger im Spiel haben! Das ist ja eine physikalische und biologische Sensation! Vom Zuschauen können Sie wirklich nicht dick werden, auch wenn es Ihnen manchmal so vorkommt. Zugegeben, manche Menschen haben von Natur aus einen niedrigeren Grundumsatz als andere, das heißt, sie brauchen weniger Kalorien, um dasselbe zu wiegen, wie Menschen mit einem höheren Energieumsatz, die einfach mehr essen können. Männer sind da sowieso im Vorteil, denn sie verbrauchen von Natur aus mehr Energie als Frauen, zumindest in jüngeren Jahren. Dennoch darf das keine Entschuldigung sein.

Was in vergangenen Notzeiten sicher ein großer Vorteil war, ist jetzt in unserer Überfluss-Gesellschaft eher ein Nachteil. Allerdings können Sie Ihren Energieverbrauch durch einen höheren Leistungsumsatz enorm steigern. Je mehr Sie sich bewegen, desto mehr verbrennen Sie. Durch ein Plus an Bewegung erreichen Sie ein Plus an Muskelmasse, die wiederum Ihren Grundumsatz anhebt. Und außerdem: Manches setzt mehr an als anderes. Sie können also bei einigen Dingen richtig zugreifen, ohne dass es sich auf Ihren Hüften oder am Bauch niederschlägt.

Die Dünnen sind doch laufend krank!

Ein übles Vorurteil, das genauso wahr ist wie die Tatsache, dass ausgerechnet bei Ihnen die Ampel immer auf Rot umschaltet. Kann es sein, dass Sie die Realität nur so wahrnehmen, wie Sie sie haben wollen? Weder wartet die Ampel immer auf Sie, bis sie umschaltet, noch sind die Dünnen in Ihrem Umfeld häufiger krank. Viel eher ist es so, dass Sie die Krankheiten der Übergewichtigen wie Diabetes, Gelenkverschleiß und Gallensteine gerne ignorieren. Es brächte für Sie nämlich die unangenehme Konsequenz mit sich, dass auch Sie Ihre Essgewohnheiten in Frage stellen müssten. Die Fakten sprechen für sich: Übergewicht und falsche Ernährung sind große Risikofaktoren für Ihre Gesundheit.

Etwas muss man sich ja gönnen!

Sehen Sie: Hier sind Sie direkt mitten drin im Frustessen. Sie müssen sich natürlich was gönnen – aber muss es wirklich Sahnetorte sein, bei deren Verzehr Sie sowieso ein schlechtes Gewissen bekommen? Gönnen Sie sich doch lieber einen Saunabesuch, einen Kinoabend, eine Karte fürs nächste Heimspiel oder einen neuen Nagellack!

Heute ist es sowieso egal …

Ach so, nur weil Sie heute Ihrem Schweinehund freien Lauf gelassen haben, denken Sie nun, dass es auch auf weitere 40 g Fett nicht mehr ankommt? Falsch gedacht! Natürlich kommt es darauf an, und alles, was Sie heute noch in sich hineinstopfen, stärkt Ihr ungeliebtes Haustier, weil es Sie schwächt.

Ab morgen reiße ich mich wieder zusammen!

Diese Aussage ist dem »Heute ist es sowieso egal« ziemlich ähnlich. Meinen Sie ernsthaft, dass es morgen einfacher ist? Machen Sie sich nichts vor: Morgen ist es genauso schwer oder einfach wie heute. Nur, wenn Sie wirklich erwarten, dass Sie ganz ohne Willenskraft Ihr Essverhalten ändern können, muss ich Sie leider enttäuschen.

Vor meiner Periode habe ich immer so einen Hunger!

Dann fragen Sie sich doch mal: auf was eigentlich? Wenn Sie erst einmal wissen, auf was Sie genau Lust haben, vermeiden Sie nämlich, alles Mögliche zu essen und am Ende immer noch denselben Appetit zu spüren wie vor Ihrer Essattacke. Außerdem: Haben Sie wirklich Hunger, oder wollen Sie nur etwas gegen Ihre schlechte Laune tun? Glauben Sie mir: Die wird nur ganz kurzfristig besser, wenn Sie die ganze Tafel Schokolade aufessen.

Ich muss doch abschmecken!

Natürlich müssen Sie abschmecken, bevor Sie Ihren Lieben das Essen servieren. Aber zwischen Abschmecken und Naschen besteht doch ein größerer Unterschied – und den kennen Sie auch.

Ich war eingeladen – da wollte ich nicht unhöflich sein!

Jetzt mal ehrlich: Wie fänden Sie das, wenn Sie als Gastgeber Lob bekämen für Ihr tolles Essen – aber der Nachschlag der Gäste ausbliebe, weil sie nach der ersten Portion satt wären? Wie, Sie fänden das eigentlich völlig in Ordnung? Und warum meinen Sie dann, dass das bei anderen Menschen anders ist? Sie müssen nicht essen, bis Ihre Hose kneift und Sie sich unwohl fühlen, damit Ihr Gastgeber mit Ihnen zufrieden ist. Viel glücklicher sind alle, und besonders Sie selbst, wenn Sie auch nach dem Essen noch in der Lage sind, anregende Gespräche zu führen. Wenn Sie sich das vor Augen führen, wird es Ihnen beim nächsten Mal leichter fallen, dann mit dem Essen aufzuhören, wenn Sie satt sind.

Ich hatte so einen Stress – da brauchte ich etwas für meine Nerven!

Überlegen Sie sich einmal, um was für einen Stress es sich genau handelt. Vielleicht können Sie die Stressquelle herausfinden und beseitigen. Das ist besser, als durch falsches Essen für neuen Stress zu sorgen. Klar, so ganz gelingt das nicht immer, aber wenn Sie es zu Anfang nur jedes zweite Mal schaffen, dann haben Sie schon viel erreicht – und es wird Ihnen in Zukunft immer leichter fallen.

Ich habe doch heute nicht den Aufzug genommen!

So leid es mir tut: Durch das Treppensteigen alleine verbrennen Sie einfach nicht die Kalorien von vier Kugeln Eis mit Sahne. Da müssten Sie schon mit was anderem aufwarten. Sicher ist Bewegung die zweite tragende Säule auf unserem Weg zum Wunschgewicht – allerdings ist das Treppensteigen wirklich nur ein Anfang und noch lange kein Grund, bei Fett und Zucker hemmungslos zuzulangen.

Ich habe einfach so einen Hunger!

Fragen Sie sich in aller Offenheit: worauf? Und vor allem: Habe ich wirklich Hunger oder fehlt mir eigentlich etwas ganz anderes? Wenn Sie tatsächlich Hunger haben, dann essen Sie, worauf Sie Appetit haben. Wenn Ihnen allerdings etwas anderes fehlt, sollten Sie sich nicht auf etwas Essbares stürzen, sondern Ihre konkreten Bedürfnisse befriedigen.

Die nackten Tatsachen

Wenn Hosen und Röcke zwicken und zwacken und mindestens eine Nummer zu klein geworden sind, hört man irgendwann eine innere Stimme fragen, was denn da bloß passiert ist. Nachdem mögliche Erklärungen – zum Beispiel das Einlaufen der kompletten Garderobe – durch kühle Logik ausgeschlossen wurden, bleibt die ungeliebte Antwort: Ich habe zugenommen. Die Frage, die sich direkt im Anschluss stellt, ist: Was soll ich jetzt tun? Ist es (noch) ein rein kosmetisches Problem und eine Frage von 5 kg oder bin ich auf dem besten Wege, meine Gesundheit zu ruinieren?

Schönheitsideal im Wandel

Machen wir uns nichts vor: Den allermeisten unter uns geht es beim Abnehmen erst in zweiter Linie um die Gesundheit. Eindeutig an erster Stelle steht der Wunsch, dem vorherrschenden Schönheitsideal zu entsprechen.

Doch Schönheit ist längst nicht so zeitlos, wie immer behauptet wird. Lange galten meist rundliche und wohlgenährte Menschen als schön. Die Frauen auf den Gemälden von Peter Paul Rubens (1577–1640) sind dafür das beste Beispiel.

Heute eindeutig zu dick, war ihre stattliche Figur in Zeiten der Not ein Zeichen des Wohlstands und galt als schön. In unserer Überflussgesellschaft muss niemand unfreiwillig hungern, und so wurden dann insbesondere die Frauen immer schlanker. Ende der 1960er Jahre war das magere Model Twiggy Vorbild für eine ganze Generation.

Was als schön gilt, ist dem Wandel unterworfen – Models aus Hochglanzmagazinen sind deshalb nur bedingt vorbildtauglich. Das Wichtigste ist, dass Sie sich wohl fühlen, und das ist dann der Fall, wenn Sie fit sind und gesund bleiben. In den 1970er Jahren waren sich die Wissenschaftler einig, dass das so genannte Idealgewicht die höchste Lebenserwartung sichern könne. So einfach ist das heute nicht mehr, denn bei dem 70er-Jahre-Modell wird das Verhältnis von Fett und Muskeln völlig außer Acht gelassen. Früher wurde vor allem der so genannte Broca-Index (Körpergröße in cm – 100, – 15 % bei Frauen bzw. – 10 % bei Männern) zur Berechnung des Idealgewichtes herangezogen. Diese Berechnung ist aber eigentlich überholt, zumal sie nur bei Personen mit durchschnittlicher Körpergröße verwendet werden kann, denn sie benachteiligt kleinere Personen. Der heute angewandte BMI

(Body-Mass-Index) zeigt das Verhältnis des Gewichtes zur Körpergröße. Bei sehr muskulösen Menschen kann es zwar auch hier zu einer Fehleinschätzung kommen, dennoch ist der BMI sehr aussagekräftig und soll uns als Anhaltspunkt dienen.

BMI – Body-Mass-Index

$$\text{BMI} = \frac{\text{Gewicht (in kg)}}{\text{Körpergröße (in m)}^2}$$

Ist ein Mann also 1,86 m groß und wiegt 103 kg, errechnet sich der BMI wie folgt:

$$\frac{103\ \text{kg}}{(1{,}86\ \text{m})^2} = 29$$

Ein BMI zwischen 20 und 25 gilt als Idealgewicht und wenn wir uns zwischen diesen Größen bewegen, ist alles im grünen Bereich. Bei einem BMI ab 25 liegt Übergewicht, ab 30 schließlich Fettsucht vor.
Der Herr in diesem Beispiel liegt mit seinen 29,8 also deutlich im oberen Bereich und sollte ernsthaft etwas gegen seine Leibesfülle unternehmen.

Doch auch ganz ohne BMI und ohne Grundrechenarten ist es möglich, zu erkennen, ob man abnehmen sollte oder ob alles so bleiben kann, wie es ist.

Der Jiggle-Test

Dieser Test ist zweifelsohne einigermaßen brutal, denn wenn Wunsch und harte Realität aufeinanderprallen, kann das schon einen kleineren Schock hervorrufen, der allerdings nur heilsam sein kann.

Stellen Sie sich zunächst nackt vor einen Spiegel. Schauen Sie sich in aller Ruhe an und fragen Sie sich: »Als ich mir mit 16 meine Zukunft ausmalte, wollte ich da tatsächlich so aussehen?« Und wenn Ihnen mit 16 die Zukunft ziemlich egal war, dann fragen Sie sich jetzt:

Wenn der Schweinehund mal wieder zupackt ...

Nein! Nein! Nein! Ich stell mich doch nicht nackt vor einen Spiegel – wer bin ich denn?!

Nun seien Sie mal nicht so empört, sondern fragen Sie sich lieber, warum Sie das so gar nicht wollen. Kann es daran liegen, dass Sie mit den nackten Tatsachen, denen Sie ins Auge blicken werden, einfach völlig unzufrieden sind? Aber das ist doch dann ein Grund mehr, den Test zu machen – schon bald werden Sie nämlich die gewünschten Veränderungen feststellen können.

»Möchte ich so aussehen?« Wenn die Antwort »Ja!« lautet, kann ich Sie nur beglückwünschen. Sie gehören zu den Menschen, die mit ihrem Körper zufrieden sind. Warum Sie dann aber dieses Buch lesen, ist mir rätselhaft. Wenn die Antwort »Nein!« lautet, dann haben Sie mit dieser Lektüre einen Anfang gemacht: den ersten Schritt hin zum Wunschgewicht.

Nun fangen Sie vor dem Spiegel an zu hüpfen. Alles an Ihnen, was unmotiviert wabert und wackelt, gehört – mit Ausnahme des weiblichen Busens – durch Muskelaufbau gestrafft und durch Fettabbau reduziert. So einfach ist das.

Wiegen – wie, warum, wie oft?

Auf dem Weg zu mehr Leichtigkeit müssen Sie keine Kalorien zählen, und Sie müssen auch nicht hungern. Vor allem aber müssen Sie sich nicht permanent zusammenreißen und dürfen ganze drei Tage pro Woche Ihren inneren Schweinehund an der langen Leine lassen. Sie werden dennoch abnehmen und das Verhältnis zwischen der Fett- und der Muskelmasse in Ihrem Körper verändern. Verfolgen und dokumentieren können Sie die Veränderungen mit Hilfe einer Waage, denn Wiegen ist nicht nur Geschmackssache.

Während sich die einen jeden Tag wiegen möchten, machen die anderen um die Waage am liebsten einen großen Bogen. Sicher ist man mit der goldenen Mitte am besten bedient.

Wenn man sich gar nicht wiegt, entgehen einem viele Erfolgserlebnisse, die wiederum dafür sorgen, dass man auch an schwachen Tagen an seinen neu errungenen Gewohnheiten festhält und nicht so leicht alten Lastern verfällt. Wer sich jedoch täglich oder sogar mehrmals täglich wiegt, läuft Gefahr, sich von natürlichen Gewichtsschwankungen irritieren zu lassen. Besonders Frauen haben aufgrund hormoneller Veränderungen im Körper Gewichtsdifferenzen durch Wassereinlagerungen im Gewebe von bis zu 2 kg. Tägliches Wiegen trägt an solchen Tagen dann eher zur Verunsicherung und Frustration bei – und darauf wartet natürlich der Schweinehund. Deshalb ist sehr nützlich, den wöchentlichen Stand zu dokumentieren; aber womit?

Die Körperfett-Waage

Die gute alte Badezimmerwaage hat ausgedient. Zu ungenau und zu unspezifisch sind ihre Messungen. Als Alternative bietet sich die Körperfett-Waage an, denn im Unterschied zur herkömmlichen Waage ist sie in der Lage, den Fettanteil des Körpers zu berechnen. Und das Verhältnis zwischen Fett-, Muskel- und Knochenmasse im Körper ist entscheidend. Die gängigen Verfahren zur Idealgewichtsbestimmung haben hier ihre Schwachstelle, denn die durchtrainierte Leistungssportlerin kann beispielsweise einen ähnlichen BMI haben wie der lethargische Stubenhocker, bei dem aber der Fett-Anteil im Körper viel zu hoch ist.

Die Bestimmung des Körperfettanteils ist deshalb aussagekräftiger und mit Hilfe von Körperfett-Waagen und Fett-Monitoren möglich. Mit Hilfe der Bioimpedanz kann der exakte Wert über den Fett-Anteil in unserem Körper, den es natürlich in den gesunden Grenzen zu halten gilt, ermittelt werden.

Dabei wird eine kleine Strommenge durch unseren Körper geschickt und der Widerstand gemessen. Aus diesem Wert lässt sich auf den Wasseranteil in unserem Körper und von dem wiederum auf die Knochen-, Muskel- und Fettmasse rückschließen.

Die möglichen Folgen eines überproportionalen Fett-

Wenn der Schweinehund mal wieder zupackt …

Warum warte ich denn darauf?

Ganz einfach: Wenn Herrchen oder Frauchen frustriert sind, hat der Schweinehund mit seinen perfiden Argumenten à la »Ist jetzt auch egal, bei mir klappt es einfach nicht mit dem Abnehmen!«, relativ leichtes Spiel.

anteils muss ich Ihnen in aller Deutlichkeit vor Augen führen. Schließlich sollen Sie sich bewusst machen, dass gesunde Ernährung und Gewichtsreduktion eben nicht nur der Eitelkeit dienen, sondern vor allem Ihrer Gesundheit.

Welcher Körperfettanteil ist gesund?

Jahre	**exzellent**	**gesund**	**erhöhtes Risiko**	**stark erhöhtes Risiko**
Frauen	Körperfettanteil (%, Mittelwerte)			
20–39	19,9	22,9	26,0	30,6
40–59	24,9	28,2	31,7	35,3
>60	27,3	30,9	34,2	38,0
Männer				
20–39	13,7	17,1	20,8	24,6
40–59	18,7	22,0	25,2	27,8
>60	20,3	23,5	26,7	29,8
Das sagt die Medizin:	Hier ist alles bestens.	Normales Gewicht – alles o.k.	Sie haben (starkes) Übergewicht.	Sehr starkes bis massives Übergewicht! Eine ärztliche Behandlung ist dringend zu empfehlen.

Übergewicht, falsche Ernährung und die Folgen

Idealgewicht heißt nicht deshalb Idealgewicht, weil man damit ideal aussieht, sondern weil man damit das für seine Gesundheit zuträglichste Gewicht hat. Die möglichen gesundheitlichen Folgen von Übergewicht sind bedenklich und sicher nicht auf die leichte Schulter zu nehmen. Neueste Tests in den USA, dem Land der größten Portionen, der größten Steaks und der meisten Dicken, haben belegt, dass dort jährlich 300 000 Menschen an den Folgen ihres Übergewichts sterben.

Galt in den USA viele Jahre lang die übermäßige Leibesfülle als Inbegriff von Wohlstand, Erfolg und Glück, be-

Wenn der Schweinehund mal wieder zupackt ...
Aber bitte! So viele Menschen können sich doch nicht täuschen! Was ist an einem leckeren, großen Steak schon verkehrt?
Einiges, besonders wenn es zu oft verzehrt wird – und dann auch noch mit einer riesigen Portion Pommes frites und viel Cola zum Nachspülen.

ginnt man nun auch im Land der unbegrenzten Kalorien umzudenken.

Das Schlaraffenland Amerika hat seine Schattenseiten offenbart, und das sind für die Konsumenten Übergewicht und ernährungsbedingte Krankheiten, die durch falsche, unausgewogene Ernährung hervorgerufen werden. Dieser Zusammenhang wurde schon seit längerer Zeit vermutet. Ein gutes Beispiel hierfür ist die Gicht, früher die »Geißel der Reichen«. Erst heutzutage verfügen wir jedoch über wissenschaftliche Untersuchungsmethoden, Statistiken und Studien, die dies auch eindeutig belegen. Doch trotz dieses gesicherten Wissens sterben immer noch drei von vier Menschen an den Folgen falscher Ernährung. Die Behandlungskosten der ernährungsbedingten Erkrankungen in Deutschland werden von der »Gesellschaft für Ernährungsmedizin und Diätik« jährlich auf rund 80 Millionen Euro geschätzt.

Nur jeder zweite Bundesbürger hat das richtige Gewicht und ist informiert über den Zusammenhang zwischen einem zu hohen Gewicht und den Begleiterkrankungen, die wiederum als Risikofaktoren für so schwere Krankheiten wie Krebs gelten. Und trotz Übergewicht herrscht Mangelversorgung, denn einseitige Ernährung, Alkohol- und Zigarrettenkonsum führen leicht zu einem gesundheitsgefährdenden Defizit an lebenswichtigen Vitaminen, Spurenelementen und Mineralien. Generell lässt sich feststellen, dass wir auf der einen Seite zu vitamin-

und ballaststoffarm, auf der anderen Seite jedoch zu fett, zu einseitig, zu zuckerreich und insgesamt zu viel essen.

Wenn das Körpergewicht 25–30 % über dem Normalgewicht liegt, wird in ärztlichen Kreisen das Übergewicht als eigenständiger Risikofaktor angesehen. Kommen weitere Risikofaktoren wie Rauchen, Alkohol und Stress hinzu, dann sollte bereits ein Mensch mit einem Gewicht, das mehr als 15 % über dem Normalgewicht liegt, ganz dringend abspecken.

Die größten Risikofaktoren bei Übergewicht und falscher Ernährung

Übergewicht und falsche Ernährung sind die größten gesundheitlichen Risikofaktoren. Durch falsche Ernährung und durch Rauchen entstehen etwa 60 % aller Krebsfälle.

Ernährungsbedingte Krankheiten und Gesundheitsstörungen in Deutschland:

- 5 Mio. Menschen leiden an Diabetes
- 4 Mio. Menschen haben einen erhöhten Harnsäurespiegel

- 2 Mio. Menschen leiden an Gicht, als Folge des erhöhten Harnsäurespiegels
- 6 Mio. Menschen leiden an Rheuma
- 7 Mio. Menschen haben Fettstoffwechselstörungen und Arteriosklerose
- 30 Mio. Menschen haben Übergewicht (davon 12 Mio. erheblich)
- 8 Mio. Menschen haben Bluthochdruck
- 7 Mio. Menschen haben Leber- und Gallenprobleme (Gallensteine)
- 15 Mio. Menschen leiden unter Verstopfung (Darmträgheit)
- 8 Mio. Menschen sind alkoholabhängig

Andererseits stellt eine gesunde Ernährung das beste Heilmittel dar! Wir müssen uns darüber bewusst werden, dass das, was jetzt nur allzu gut schmeckt und nur allzu oft Tröster in der Not ist, uns später erhebliche gesundheitliche Schäden bescheren kann. Haben Sie vielleicht schon einen zu hohen Blutdruck, Gicht oder Arthrose? Ist es da nicht gut zu wissen, dass Sie durch eine Gewichtsnormalisierung diese Leiden, wenn sie nicht genetische Ursachen haben, in den Griff bekommen können?

Risikofaktor Herz-Kreislauf-Erkrankungen

Über 50 % der Menschen in Deutschland sterben an Herz-Kreislauf-Erkrankungen, und ganz oft wird bei dieser Todesursache das grausame Schicksal oder das Alter als Grund angesehen. Dabei ist mittlerweile bewiesen, dass sich das Infarkt-Risiko bei Übergewicht deutlich erhöht.

Infarkt – der plötzliche Tod mit langer Vorgeschichte

Aber nicht allein das Übergewicht ist für einen Herzinfarkt verantwortlich, sondern auch was gegessen wird – das hat die weltweit größte Infarkt-Studie, in deren 10-jährigem Verlauf in 21 Ländern zehn Millionen Patientendaten untersucht wurden, ergeben. Bei der Zielgruppe der 35- bis 64-Jährigen kam ein zum Nachdenken anregendes Nord-Süd-Gefälle heraus:

Länder			**Herzinfarkt-Todesrate je 100 000**
Nordirland	:	Südfrankreich	761 : 56
Finnland	:	Süd-China	700 : 60
Schottland	:	Spanien	600 : 50
Deutschland	:	Portugal	375 : 65

Eine Regel der mediterranen Küche lautet: Olivenöl statt tierische Fette

Die jeweiligen Essgewohnheiten in den Ländern sind demnach ausschlaggebend für die Herzinfarkt-Todesrate. Zusammenfassend lässt sich festhalten: Die mediterrane Küche schmeckt nicht nur fantastisch, sondern beugt auch tatsächlich so unterschiedlichen Krankheiten wie Depression, Alzheimer, Diabetes, Brustkrebs, Asthma, Schlaganfall und natürlich dem Herzinfarkt vor.

Das sind viele gute Gründe, sich bei seinen täglichen Essgewohnheiten viel mehr an der mediterranen Küche zu orientieren, und konkret ergeben sich daraus neun Regeln (siehe Tabelle rechts).

Nach einer fünf Jahre dauernden Studie konnte der französische Wissenschaftler Prof. Dr. Serge Renaud dann auch mit 600 Infarktpatienten belegen, dass die Umstellung auf eine mediterrane und vollwertige Ernährung eine Überlebensrate von 76 % der Patienten für die darauf folgenden fünf Jahre zusichert.

Aber nicht nur das Infarkt-Risiko wird gemindert – auch alle anderen Herz-Kreislauf-Krankheiten wie

- koronare Herzkrankheit,
- Herzvergrößerung,
- Herzschwäche,
- erhöhter Blutdruck (Hypertonie),
- Schlaganfall (Insult),
- Arterienverkalkung (Arteriosklerose),
- Beinvenen-Thrombose

werden durch Übergewicht und falsche Ernährung begünstigt. Andere wichtige Faktoren sind Bewegungsmangel und Stress.

Viel öfter genießen	**Viel weniger zu sich nehmen**
Frischgemüse	Konserviertes
Frischobst	Industriezucker
Kartoffeln mit Schale	Salzkartoffeln
Fisch und Geflügel	rotes Fleisch (Schwein/Rind/Lamm)
Gedämpftes	Frittiertes
Olivenöl	tierische Fette (Butter/Schmalz)
Vollkorn	Auszugsmehl
Knoblauch und Kräuter	Salz
Wein (mäßig)	Bier

Arteriosklerose

Die Arteriosklerose, die Verkalkung der Gefäße, ist eine ziemlich heimtückische Krankheit, die lange Zeit unbemerkt verläuft. Durch winzige Entzündungsprozesse in den Gefäßinnenseiten lagern sich dort Cholesterin und Mineralstoffe an, die dazu führen, dass der Gefäßquerschnitt immer enger wird.

Die Folgen: Die Arterien werden durch diese Ablagerungen immer unbeweglicher und verhärten schließlich ganz. Das Herz muss mit zunehmender Enge mit immer mehr Druck das Blut durch die Gefäße pumpen, was zu Bluthochdruck führt. Ein Alarmsignal für die noch symp-

Wenn der Schweinehund mal wieder zupackt ...

So langsam reicht's mir! Diese Schwarzmalerei ist ja nicht zum Aushalten. Außerdem kenne ich Dicke, die 100 Jahre alt geworden sind!

Verstehe, verstehe! Gehören Sie auch zu denen, die, sobald es unangenehm wird, 100-jährige Dicke aus dem Hut zaubern? Vielleicht gibt es die sogar, wenn auch sicher nicht so zahlreich, wie gerne behauptet wird. Aber eines steht fest: Gesunde Dicke sind die ganz große Ausnahme – sogar bei den unter 50-Jährigen.

tomlose Arteriosklerose ist daher auch der Bluthochdruck. Dieser wiederum führt zu einer Zunahme der Arteriosklerose, denn mit abnehmender Fließgeschwindigkeit erhöht sich die Wahrscheinlichkeit, dass sich noch mehr Zellen, Eiweißkörper und Fettstoffe anlagern, bis schließlich ein Thrombus entsteht, der dann das Gefäß endgültig verstopft.

Passiert dies im Gehirn, kommt es dort zu einer Unterversorgung und zum Absterben ganzer Hirnbereiche – dem so genannten Schlaganfall. Werden die Beinarterien verstopft und kommt es so zu einer Unterversorgung der Gliedmaßen, kann dies eine Amputation erforderlich machen. Lebensbedrohlich wird es, wenn die Thrombose unser Herz trifft. Den Zusammenhang zwischen Herzinfarkt und Ernährung habe ich schon erläutert (s. S. 57).

Alle Faktoren bis auf Rauchen, Stress und Bewegungsmangel lassen sich durch eine gesunde und bewusste Ernährung reduzieren. Mit dem PRÄMIEN-Konzept haben Sie zudem auch die Anleitung zu mehr Bewegung in Ihrem Leben, die wiederum Stress abbaut. Alles somit Faktoren, die Sie schützen und Ihren Gefäßen guttun. Damit sollte man idealerweise auch nicht zu lange warten, denn Gefäße lassen sich nicht einfach wie ein Wasserkocher entkalken, und abgestorbenes Gewebe lässt sich weder regenerieren noch wächst es einfach nach.

Cholesterin und Triglyceride

Der Blutfett-Anteil in Ihrem Blut gibt Aufschluss über Ihr Arteriosklerose-Risiko. Zu viel Cholesterin im Blut verstopft die Adern und kann im schlimmsten Fall durch Gefäßverschluss zu Herzinfarkt und Schlaganfall führen. Cholesterin kommt ausschließlich in fetthaltigen tierischen Lebensmitteln vor. Zusätzlich zum Gesamt-Cholesterin-Wert lassen sich zwei Gruppen bestimmen: LDL (Low Density Lipoprotein) und HDL (High Density Lipoprotein). Bei einem hohen LDL-Wert lagert sich Cholesterin an den Gefäßwänden ab. Das geschieht verstärkt, wenn zu viel Cholesterin vorhanden ist, das der Körper nicht verwerten kann. HDL dagegen kann überschüssiges Cholesterin an sich binden und bildet so ein Gegengewicht.

Einfach gesagt fördert LDL die Arteriosklerose, ist also schädlich; HDL hemmt die Arteriosklerose und ist somit der Gesundheit zuträglich. Ein ausgewogenes HDL-LDL-Verhältnis ist daher erstrebenswert. Cholesterin insgesamt zu verteufeln ist dementsprechend veraltet, denn schließlich wird Cholesterin für viele Steuerungsprozesse im Körper gebraucht.

Günstig wirkt sich die ausreichende Versorgung mit Omega-3-Fettsäuren, die vor allem in Fisch (Lachs, Hering) oder Leinsamen vorkommen, aus, und sehr zu empfehlen ist der Verzehr von einfach ungesättigten Fettsäuren,

Faktoren, die die Arteriosklerose begünstigen, auf einen Blick

- Erhöhte Cholesterinwerte
- Bluthochdruck
- Rauchen
- Übergewicht
- Diabetes
- Fettstoffwechselstörungen
- Stress
- Bewegungsmangel

also Oliven- und Rapsöl. Beide haben nämlich die gute Eigenschaft, ausschließlich das schlechte LDL zu senken, während das gute HDL erhalten bleibt.

Dagegen sollten besonders erhitzte und raffinierte Fette gemieden werden, die in Fertigprodukten haufenweise vorkommen, da sie LDL begünstigen. Dasselbe gilt für so genannte Trans-Fettsäuren, die ebenfalls LDL stärken und gleichzeitig HDL senken. Trans-Fettsäuren zeigen in ihrer geometrischen Struktur einen Knick und verhalten sich dadurch wie gesättigte Fettsäuren. Die Hauptaufnahmequelle von schädlichen Trans-Fettsäuren für den Menschen sind gehärtete Fette, die beispielsweise in Margarinen, Backfetten und Keksen vorkommen. Achten Sie deshalb auch beim Kauf von Margarine auf die Bezeichnung »nicht gehärtet«.

Ist der Cholesterinspiegel jedoch bereits zu hoch, so

sollten Cholesterinbomben auf jeden Fall vermieden werden.

Triglyceride sind Fette oder Neutralfette, die über die Nahrung aufgenommen werden, aber auch im Organismus selbst, vor allem in Leber, Niere und Herzmuskel, gebildet werden. Sie sind zwar bedeutende Energielieferanten, erhöhte Triglycerid-Werte im Blut begünstigen aber, ebenso wie LDL-Cholesterin, die Arterienverkalkung.

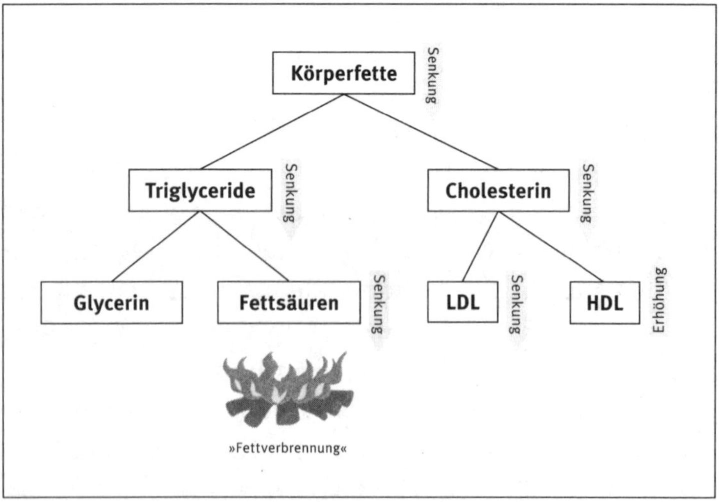

Nicht nur Omega-3-Fettsäuren begünstigen die Bildung von HDL, auch Laufen erhöht den Anteil der »guten« unter den körpereigenen Fettsäuren. Doch Ausdauersport kann noch viel mehr.

Cholesterinbomben pro 100 g	**Cholesteringehalt in mg**	**cholesterinärmere Alternativen pro 100 g**	**Cholesteringehalt in mg**
Butter	240	Diätmargarine	1
Butterschmalz	340	Olivenöl	0–1
Vollei, getrocknet	2200	Vollei, frisch	604
1 Ei, Kl. M	344	Eiklar	0
Bavaria Blue, 70 % Fett i.Tr.	112	Edelpilzkäse, 45 % Fett i. Tr.	53
Rinderniere	375	Rinderfilet	70
Hühnerleber	492	Hähnchenbrust	60
Blutwurst	680	Mettwurst	53
Kalbshirn	2000	Kalbsschnitzel	70

Risikofaktor Krebs

Durch Gewichtsreduktion lässt sich das Krebsrisiko senken, denn besonders das Fett am Bauchbereich begünstigt die Entstehung von bösartigen Tumorerkrankungen. Außerdem kann man mit einer Umstellung der Essgewohnheiten vielen Krebsarten entgegenwirken. Tatsache ist, dass das immer notwendiger wird, denn immer mehr Substanzen unserer modernen Industriegesellschaft wirken sich schädlich auf unseren Körper aus. Krebs erregende Stoffe umgeben uns, und durch das Ozonloch schlüpfen immer mehr gefährliche UV-Strahlen. Im Wollpullover steckt das hochpotente Nervengift Lindan, Möbel dampfen Formaldehyd aus, Kunststoffe enthalten polychlorierte Kohlenwasserstoffe, und Fleisch steckt voller unerwünschter Substanzen. Das Ergebnis: Der Mensch ist ein regelrechtes Giftlager, denn Umweltgifte lösen sich in Fett und nisten sich deshalb bevorzugt im menschlichen Fettgewebe ein. Tag für Tag kommt dann noch ein wenig mehr Dioxin oder Quecksilber (Amalgam), Benzol, Blei und PCB hinzu. Diese Umweltgifte greifen oft in Form von Freien Radikalen die Körperzellen an.

Die Freien Radikalen – eine ganz extreme Gruppierung

Genau gesagt sind Freie Radikale instabile Reaktionsprodukte aus der Zellatmung. Sie bestehen aus zwei Sauerstoffatomem, denen ein elektrisch geladenes Teilchen fehlt. In begrenztem Maße sind sie sogar nützlich für uns, denn sie wehren Mikroorganismen ab und vermindern Fremdsubstanzen. Allerdings haben wir meistens viel mehr Freie Radikale im Körper, als gut für uns ist.

Ständig auf der Suche nach fehlenden Elektronen zerstören sie deshalb auf ihrem Weg Körperzellen und verändern Erbgut. Der »wild gewordene« Sauerstoff trifft sozusagen wie ein Blitz auf die Zelle. Diese angegriffenen Körperzellen bombardieren daraufhin ihre Nachbarzelle,

Ernährungsempfehlungen zur Tumorrisiko-Reduktion

- Übergewicht vermeiden
- Frittiertes meiden (Nitrosamin)
- Fettanteil der Nahrung auf weniger als 30 % der Gesamtenergie senken
- Verzehr von Vollwertprodukten steigern
- Auf die ausreichende Versorgung mit Vitaminen, sekundären Pflanzenstoffen, Mineralstoffen und Spurenelementen durch den gesteigerten Verzehr von Obst, Gemüse und fettarmen Milchprodukten achten
- Alkohol nur in geringen Mengen aufnehmen
- Kochsalzzufuhr und Verzehr von geräucherten Lebensmitteln senken

und so vernichtet ein einziges Freies Radikal im Schneeballsystem Millionen von Körperzellen.

Die Folgen sind vielfältig: Haut, Nerven und Organe altern schneller. Wir erkranken an Arteriosklerose, Rheuma, Alzheimer und Krebs. Antioxidantien – Radikalenfänger – heißen hier die Mittel der Wahl.

Durch den Anstieg von Antioxidantien im Körper können mit Freien Radikalen einhergehende Krankheiten aufgehalten werden. Vor allem Vitamine, Spurenelemente und Pflanzenstoffe können die durch Freie Radikale ausgelöste Kettenreaktion verlangsamen oder gar aufhalten. Pflanzen mit kräftiger Pigmentierung enthalten dabei besonders viele Antioxidantien: rote, gelbe, grüne Paprika, aber auch Hülsenfrüchte, Getreide, Nüsse, Sojaprodukte und grüner Tee.

Risikofaktor Diabetes

Diabetes ist zur Volkskrankheit geworden. Im Jahr 2006 waren ca. 8 Millionen Deutsche an Diabetes erkrankt, Experten schätzen, dass die Zahl der Erkrankten bis 2010 auf mindestens 10 Millionen steigen wird. Solche Zahlen sind eine Entwicklung der letzten Jahre – Ärzte sprechen deshalb auch von einem rapiden Anstieg.

Schuld an dieser Entwicklung sind falsche Ernährung und Bewegungsmangel, denn diese beiden Größen spielen eine mindestens genauso große Rolle bei der Erkrankung wie die genetische Disposition. Und damit nicht genug: Mit ausreichender Bewegung und gesunder Ernährung lässt sich sogar trotz genetischer Disposition, also einer familiären Veranlagung, Diabetes in den Griff bekommen. Doch was ist das eigentlich: Diabetes?

Medizinisch wird zwischen zwei Formen – dem Typ-1- und dem Typ-2-Diabetes – unterschieden:

Typ-1-Diabetes

Der Typ-1-Diabetes ist eine Autoimmunkrankheit, die bereits im Kindesalter, aber auch noch bis zum 70. Lebensjahr auftreten kann. Dabei greift unser Immunsystem das körpereigene Insulin und das für dessen Produktion zuständige Gewebe, die so genannten Langerhans'schen Inseln der Bauchspeicheldrüse, an und zerstört sie. Zum Teil bleibt diese Autoimmunkrankheit über Jahre unentdeckt – wird sie dann diagnostiziert, sind oft schon 80 % der körpereigenen Insulinproduktion zerstört. Als einzige Möglichkeit bleibt den Betroffenen nur noch, Insulin zu spritzen. Um diese Form des Diabetes soll es hier aber nicht gehen. Es ist durchaus möglich, dass auch bei Autoimmunkrankheiten die Ernährung ein wichtiger Faktor darstellt – allerdings liegen hierzu noch zu wenig Ergebnisse vor.

Untersuchungsergebnisse, die für sich sprechen, gibt es jedoch bei dem Typ-2-Diabetes.

Typ-2-Diabetes

Der so genannte Alters- oder Erwachsenendiabetes tritt prozentual viel häufiger auf als Typ 1, jedoch meist erst ab dem 50. Lebensjahr – oder davor bei übergewichtigen Personen. Typ-2-Diabetes wird, abgesehen von der genetischen Disposition, hauptsächlich durch drei Faktoren begünstigt:

- die längerfristige überhöhte Zufuhr von Einfachzuckern,
- Übergewicht und Fettsucht,
- Bewegungsmangel.

Im Gegensatz zum Typ-1 wird das produzierende Gewebe und das Insulin selbst nicht angegriffen und zerstört – vielmehr ist das Gegenteil der Fall: Das Insulin wird vom Körper einfach nicht erkannt; Muskeln und Organe reagieren nicht mehr in ausreichendem Maße auf das Hormon. Da der Insulinbedarf des Körpers mit seiner Masse steigt, ist Übergewicht in diesem Falle besonders fatal, und das Regelwerk für die Hormonproduktion gerät ganz aus dem Ruder. Die traurigen Zahlen:

Der Typ-2-Diabetes tritt vornehmlich bei übergewichtigen Menschen auf. Ziel muss es deshalb sein, das Gewicht im normalen Bereich zu halten.

- Über 90 % der Typ-2-Diabetiker sind übergewichtig.
- Bei einer Frau verfünffacht sich bei einem BMI (s. S. 47) von 24 das Risiko, an Diabetes zu erkranken.
- Bei einem BMI von 32 erhöht sich für Männer das Risiko, an Diabetes zu erkranken, um das 20- bis 30-Fache.

Medizinisch ist der Zusammenhang zwischen Bewegung, Ernährung und der Erkrankung belegt, und da man auch um die möglichen Folgen einer Diabetes-Erkrankung weiß, kann man sich eigentlich nur wundern, dass nicht viel mehr Menschen stärker auf ihre Ernährung und Bewegung achten.

Aber man kennt das ja: Nur allzu gerne verschließt man die Augen vor der bitteren Realität oder hofft, dass der Kelch vorübergeht. Ist das aber nicht der Fall, sieht es leider schlecht aus, denn Diabetes zieht eine ganz Palette von Folgeerkrankungen nach sich:

- Durch die Diabetiker-Arteriosklerose (Makroangiopathie) und durch spezielle Veränderungen an kleineren Blutgefäßen (Mikroangiopathie), die zu Minderdurchblutung und Gefäßverschluss führen, verlieren etwa 28 000 Typ-2-Diabetiker pro Jahr einen Körperteil durch Amputation.
- Etwa 7000 Typ-2-Diabetiker erblinden pro Jahr, da die Folgekrankheit Mikroangiopathie zur Nähr- und Sauerstoffunterversorgung der Netzhaut führt.

- Die Makroangiopathie führt dagegen zur Schädigung der Nierenfunktion bis hin zum vollständigen Ausfall. Etwa 4000 Typ-2-Diabetiker werden pro Jahr Dialysepatienten.

Natürlich lässt es sich durch den heutigen medizinischen Stand mit Diabetes leben – besser leben lässt es sich allerdings ganz klar ohne.

Wenn der Schweinehund mal wieder zupackt ...
Immer diese Angstmacherei! Ich kann das wirklich nicht mehr lesen!
Moment mal: Sie tun ja gerade so, als ob ich Sie nur ärgern wollte. Nichts liegt mir ferner, glauben Sie mir – aber die Zahlen gibt es, und vorenthalten will ich sie Ihnen nicht, dazu ist die Sache wirklich zu ernst.

Risikofaktor Knochenschwund (Osteoporose)

Es ist ein großer Irrtum, die eigenen Knochen als tote Materie anzusehen. Denn das Gegenteil ist der Fall: Unsere Knochen gehören zu den aktivsten Geweben im Körper

Bewegungsmangel ist ein Risikofaktor für Knochenschwund.

und sind zugleich sein größtes Mineralstofflager – nur wirken sie im Stillen, und man kann sie nicht sehen. Dass mit ihnen etwas nicht in Ordnung ist, wird meistens viel zu spät bemerkt, in der Regel erst dann, wenn die Knochen bereits 30 % ihrer Maximalmasse verloren haben.

Jeder fünfte Mann und jede dritte Frau sind von dieser Krankheit betroffen, die durch

- Östrogenmangel bei Frauen,
- Testosteronmangel bei Männern,
- Kalziummangel,
- Vitamin-D-Mangel,
- Bewegungsmangel,

- Rauchen
- und länger andauernde Cortison-Behandlung
  gefördert wird.

Mit gesunder Ernährung und ausreichend Bewegung sind also die Weichen für ein erfülltes und aktives Leben auch im Alter gestellt. Wer das versäumt, geht das Risiko ein, auf die erhofften Wandertouren und die ausgedehnten Aktiv-Urlaube im Alter verzichten zu müssen, denn sind die Knochen erst einmal porös, lassen sie sich nicht mehr kitten.

Während die ersten direkten Auswirkungen der Osteoporose Brüche – besonders der Wirbel- und Schenkelhalsknochen – sind, folgen im fortgeschrittenen Stadium der Krankheit starke Schmerzen in Folge von entzündlichen Reizungen der Knochenhaut und chronische Muskelverspannungen als Folge von Schonhaltung.

Risikofaktor Durchblutungsstörungen

Übergewicht fördert Durchblutungsstörungen, ganz besonders dann, wenn die übergewichtige Person zudem noch unter Bluthochdruck, Fettstoffwechselstörungen, Diabetes und einer erhöhten Harnsäurekonzentration im Blut leidet oder Gicht hat. Ein Übel kommt auch hier also selten allein, und das gesamte Paket wird als Metabolisches Syndrom bezeichnet. Dieses Syndrom wird durch den Ort der Fettablagerung begünstigt. Wenn die Fettmasse hauptsächlich im Bauchbereich angesiedelt ist, tritt das Metabolische Syndrom häufiger auf als bei einer gleichmäßigen Verteilung am Körper, und so haben 90 % der Patienten mit Metabolischem Syndrom große Fetteinlagerungen im Taillen- und Bauchbereich.

Jede Reduktion des Übergewichts wirkt sich deshalb positiv auf die Blutgerinnungsstörungen aus, erhöhte Blutfettwerte werden gesenkt, und das Risiko von Durchblutungsstörungen wird vermindert.

Wenn der Schweinehund mal wieder zupackt ...

Ich kaufte mir ein Buch, mit dem ich abnehmen wollte, kein Buch über irgendwelche Krankheiten! Wenn das so weitergeht, lege ich es jetzt bald mal zur Seite!

Keine Sorge, die Risikofaktoren sind in Kürze abgehakt. Dennoch: Sie sollten sie wirklich ernst nehmen und bei etwaigen Rückfällen auch die Folgeerkrankungen bedenken, die Sie mit so einer Ernährung provozieren. Eigentlich müsste es Ihnen dann umso leichter fallen, am neu errungenen Essverhalten festzuhalten.

Weitere Risikofaktoren

Abschließend seien noch zwei äußerst häufige Risikofaktoren genannt:

Knochen- und Gelenkverschleiß (Arthrosen) und Gicht
Beide Krankheiten haben einen ungeheuren Aufschwung erlebt. Einfach nachzuvollziehen ist natürlich der Zusammenhang zwischen Arthrosen und Übergewicht. Jedes Kilo zu viel ist eine Belastung für die Gelenke und begünstigt deren Verschleiß. Insbesondere die Wirbelsäule und die Kniegelenke sind davon betroffen, müssen sie doch in der Hauptsache das zusätzliche Gewicht tragen.

Der Zusammenhang von Gicht und falscher Ernährung ist ebenfalls rasch erklärt: Gicht ist eine Entzündung der Gelenke, die durch die Ablagerung von Harnsäure provoziert wird. War früher die Gicht die so genannte »Geißel der Reichen«, so ist sie heute die Geißel der Überflussgesellschaft, denn eine erhöhte Harnsäurekonzentration im Blut, die die Vorstufe von Gicht ist, haben mittlerweile rund vier Millionen Bundesbürger. Bei einem gesunden Essverhalten wird die Harnsäure, ein Abbauprodukt beim Fleischverzehr, über den Urin ausgeschieden. Bei zu hohem Fleischkonsum und zu viel Alkohol ist die Niere jedoch damit überfordert. Die Folge: Harnsäure befindet sich in zu hoher Konzentration in unserem Körper und lagert sich in der Folge an den Gelenken ab.

2 + 2 + 4 = Ein Leben mit Prämie

Es ist passiert: Sie sind zu dick. Und abgesehen davon, dass Sie sich schlanker schöner fänden, geben Ihnen die gesundheitlichen Fakten zu denken. Was tun? – Eigentlich ist die Antwort ganz einfach. Abnehmen und für mehr Bewegung sorgen. Gut, das wissen Sie schon längst. Vielleicht haben Sie ja auch schon häufiger versucht, diese guten Vorhaben in die Tat umzusetzen und dabei die eine oder andere Diät getestet und sogar durchgehalten?

Aber jeder, der schon einmal eine Diät durchgestanden hat, kennt die bittere Wahrheit: Eisern hat man gehungert und gedarbt, wochenlang nichts als Kohlsuppe, Magerquark, Ananas oder Gurken gegessen und dabei auch noch seine Lieben angegiftet – um am Ende dann endlich ein paar Kilo abgenommen zu haben.

L – XL – XXL

Aber was folgte? Kaum war die Schinderei vorbei, machten sich die abgehungerten Pölsterchen wieder breit und manchmal sogar breiter als vorher. Damit stehen Sie nicht alleine da, und der Begriff des Jo-Jo-Effekts gehört fast schon zum aktiven Wortschatz. Diäten schaffen also nur kurzfristig Abhilfe.

Lassen Sie mich mit einem Gedankenspiel beginnen.

Tun wir doch einfach mal so, als ob Bauch und Kopf eine eigene Stimme hätten …

1. Tag, Kopf: Meine Güte, bin ich dick geworden. Jetzt passt mir noch nicht einmal mehr meine Lieblingshose. Und als ich mir die gekauft habe, saß sie doch ziemlich leger. Es hilft wohl alles nichts, ich muss abnehmen! Am besten, ich probiere jetzt einmal die Kohlsuppendiät, von der alle reden. Eine Woche lang werde ich das doch schaffen, und zur Belohnung passt mir danach bestimmt die Hose wieder.

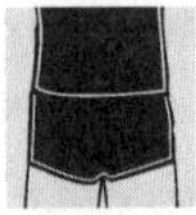

2. Tag, Bauch (weiß von den Plänen des Kopfes nichts): Das darf ja wohl nicht wahr sein! Schon wieder Kohlsuppe! Ja, ist denn der Kopf völlig übergeschnappt? Gibt es vielleicht nichts anderes? Ich warte am besten noch mal einen Tag ab.

3. Tag, Kopf (versteht die Sprache des Bauches nicht): Oh, diese Kohlsuppe! Und wie die schon riecht! Toll ist das ja nicht, ganz schön eintönig sogar. Aber ich muss jetzt durchhalten! Ist ja schließlich schon fast Halbzeit!

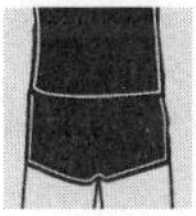

4. Tag, Bauch: Jetzt gab es seit vier Tagen nichts als Kohlsuppe! Anscheinend ist draußen gerade eine Notzeit angebrochen. Es war wirklich die beste Idee, gestern vom Fortpflanzungsstoffwechsel auf den Erhaltungsstoffwechsel umzustellen. Da verbraucht man einfach weniger!

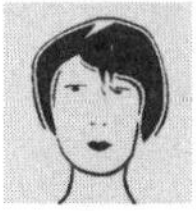

5. Tag, Kopf: Komisch – ich nehme fast gar nichts mehr ab! Jetzt quäl ich mich so, und dann das. Na toll! Ganz schön frustrierend …

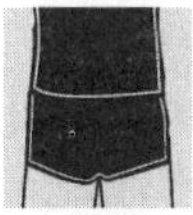

6. Tag, Bauch: Weiterhin nur Kohlsuppe – das war wirklich allerhöchste Zeit, den Energieverbrauch zu drosseln. Anscheinend ist da draußen wirklich etwas Schlimmes passiert.

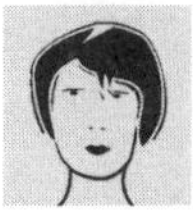

7. Tag, Kopf: Geschafft! Meine Güte, bin ich froh, dass ich wieder normal essen kann! Und die Hose krieg ich auch wieder zu! Ich hab mich ja so nach meinen geliebten Pommes frites gesehnt! Al lein beim Gedanken an Kohlsuppe wurde mir ja seit vorvorgestern eigentlich schon speiübel! Also: Was esse ich denn jetzt als Erstes? Au ja! Erst mal Schokolade!

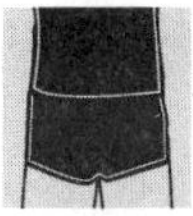

8. Tag, Bauch: Da soll jetzt einer schlau werden! Tagelang gab es nichts als Kohlsuppe – und auf einmal gibt es wieder alles: Currywurst mit

Pommes, Schokolade, einen Sahnepudding und jede Menge Chips. Jedenfalls hatte ich alle Hände voll zu tun, da wieder Ordnung zu schaffen und alles schön einzulagern. Den Energieverbrauch halte ich aber weiter schön unten – wer weiß; ich gehe lieber auf »Nummer sicher« und lege Reserven an – für die nächste Notzeit.

14. Tag, Kopf: Ich glaube, von einem vollen Erfolg kann man nicht sprechen. Die Hose passt schon wieder nicht mehr, und irgendwie nehme ich dauernd nur noch zu. Dabei esse ich jetzt gar nicht mehr als vor der Diät. Mist! Wahrscheinlich bleibt mir keine andere Wahl, als es noch mal zu probieren. Vielleicht die Hollywood-Diät?

15. Tag, Bauch: Wie gut, dass ich so sparsam war. Heute gibt's nämlich nur noch Ananas – anscheinend steht die nächste Hungersnot ins Haus. Ich drossle jetzt den Energieverbrauch einfach noch mehr und tue alles, was in meiner Macht steht, um die Fettdepots zu schützen und weiter auszubauen. Auf eine ausreichende Nahrungszufuhr kann ich mich ja offensichtlich nicht verlassen …

Kopf und Bauch sprechen unterschiedliche Sprachen – genau das ist das Problem, was sich bei jeder herkömmlichen Diät bemerkbar macht. Der Bauch hat nämlich einfach keine Ahnung davon, dass das Energiedefizit gewollt ist und es demzufolge keine bedrohliche Situation zu meistern gilt. Ahnungslos wie er ist, tut er alles, um eine Gewichtsreduktion zu vermeiden. Fasst man die Ergebnisse der bisherigen Forschung zusammen, kommt man auf

Sechs gute Gründe, nie mehr eine Diät zu machen

1. Statt Fett verlieren Sie Wasser

Bei den ganz kurzfristigen Diäten, die das Abnehmen in einer Woche versprechen, verlieren Sie leider kein Gramm Fett – sondern nur Wasser. Hinzu kommt, dass Radikalkuren Stress bedeuten. Auf Stress reagiert der Körper jedoch mit der Ausschüttung des Hormons Noradrenalin, das wiederum die vermehrte Bildung des Enzyms Lipoproteinlipase stimuliert. Ein Teufelskreis, denn Lipoproteinlipase fördert die Einlagerung von Fett in den Fettzellen.

2. Statt der Fettdepots reduziert sich die Muskelmasse

Bei radikalem Nahrungsentzug schaltet der Körper sofort auf Sparflamme und drosselt seinen Energieverbrauch, also seinen Grundumsatz. Nach anfänglichem Wasserverlust baut er immer noch kaum Fett ab, sondern Muskelmasse, von der die meisten Menschen sowieso zu wenig haben. Die Reduktion der Muskelmasse durch Diät bedeutet gleichzeitig wieder einen geringeren Bedarf an Energie, denn der Energieverbrauch ist umso größer, je höher der Anteil der Muskelmasse im Körper ist. Dementsprechend ist er umso niedriger, je mehr Fettanteil die Körperstruktur aufweist.

Ist die Radikalkur beendet, lagert der Körper, der ja noch immer auf niedrigen Energieverbrauch/Grundumsatz programmiert ist, alles ein, was geht. Was für unsere Urahnen eine sinnvolle Einrichtung war, um in Hungerzeiten zu überleben, ist für uns ein leidiges Hindernis beim Erreichen unseres Wunschgewichts. Selbst bei normaler Ernährung versucht der Körper, möglichst viel Fett einzulagern, denn sein »Vertrauen« in eine ausreichende Versorgung wurde untergraben. Als Ergebnis lässt sich festhalten, dass, trotz einer moderaten Kalorienzufuhr, der Zeiger der Waage nach oben klettert. So bildet der gebeutelte Diätler also zu allem Überfluss noch weitere Fettpölsterchen aus, die Enttäuschung ist groß und der berühmte Jo-Jo-Effekt wieder einmal eingetreten. Und was das Schlimmste ist: Mit jeder Diät wird der Jo-Jo-Effekt stärker, denn das Vertrauen des Körpers in die ausreichende Nahrungszufuhr wird immer schwächer und schließlich völlig zerstört. Der Einzige, der in so einer verfahrenen Situation was zu lachen hat, ist der Schweinehund – denn der weiß, dass er es durch solche Erlebnisse in Zukunft noch viel leichter haben wird, Herrchen oder Frauchen die Sahnetorte und die Pommes frites schmackhaft zu machen, und sie noch erfolgreicher davon abhalten kann, die Sportschuhe abzustauben.

3. Erhöhte Gefahr von Mangelernährung

Diäten rufen nicht nur einen Jo-Jo-Effekt hervor, sie bergen auch direkte Gefahren durch einseitige Ernährung. Dabei werden dem Körper wichtige Nährstoffe über einen bestimmten Zeitraum nicht zugeführt, was eine Mangelversorgung zur Folge hat. Besonders Menschen, die von Diät zu Diät springen, sollten sich bewusst sein, dass sie ihrem Körper durch einseitige Kost ernsthafte Schäden zufügen können.

4. Der Körper hat ein gutes Gedächtnis

Erst nach einem halben Jahr hat der Körper sein neues Gewicht akzeptiert. Bis zu diesem Zeitpunkt versucht er alles, um sein ursprüngliches Gewicht wieder herzustellen. Da keine Diät über ein halbes Jahr empfohlen wird und auch keine grundsätzliche Umstellung der Ernährungs- und Bewegungsgewohnheiten beinhaltet, können Diäten deshalb auch gar nicht langfristig funktionieren. Wenn die Diät schon längst beendet ist, erinnert sich der Körper nämlich immer noch an den Status quo und versucht, durch reduzierten Grundumsatz die Pölsterchen wieder auf die Hüften oder um den Bauch zu kriegen.

5. Ohne Bewegung läuft nichts

Diäten sind sehr monotone Angelegenheiten. Es geht dabei nur ums Essen oder besser gesagt Nicht-Essen – körperliche Aktivitäten werden nicht berücksichtigt. Ich bin jedoch der festen Überzeugung, dass Bewegung und Ernährung bei der Gewichtsreduktion wie zwei Zahnrädchen ineinandergreifen und eine dauerhafte Gewichtsreduktion ohne die Integration von Bewegung in unseren Alltag nicht funktionieren kann.

6. Mit Zwang zum Misserfolg

Der zwanghafte Verzicht auf bestimmte Nahrungsmittel beschwört Heißhungerattacken regelrecht herauf. Wenn wir einen schwachen Tag haben – und das ist allzu menschlich –, geschieht es früher oder später, dass wir den ewigen Verzicht nicht mehr aushalten und uns im Supermarkt über die Süßigkeiten hermachen. Und da das ja eigentlich streng verboten ist, versuchen wir, uns mit einem einmaligen Ausrutscher zu entschuldigen, bei dem dann aber auch wirklich jede Hemmung fällt und mindestens 200 g Schokolade verschlungen werden. Danach kommt der große Frust, und der wiederum ist die beste Nahrung für den Schweinehund.

Mit Diäten erreichen wir dauerhaft also eher das Gegenteil. Darüber hinaus bedeuten sie Stress für Körper und Geist; Stress durch Kalorienzählerei, Stress durch Zwang und Stress durch Rückfälle.

Der Diäten-Check

Mit wie vielen Diäten haben Sie es eigentlich schon versucht? Wie viel haben Sie vor und nach jeder Diät gewogen, und wie viel etwa sechs Monate später? Und selbst, wenn Ihnen Ihr exaktes Gewicht nicht mehr einfällt, ist es doch bedenkenswert, dass Sie vielleicht schon jahrelang versuchen abzunehmen und sehr wahrscheinlich heute mehr wiegen als je zuvor. Setzen Sie sich einmal hin, erinnern Sie sich an Ihre letzten Diäten und tragen Sie das Ergebnis in die Tabelle auf Seite 86 ein.

Mir geht es wirklich nicht darum, dass Sie sklavisch Kalorien zählen, sich täglich auf die Waage stellen und zwanghaft auf etwas verzichten. Vielmehr soll dieses Buch Ihnen zeigen, wie Sie langsam und dafür dauerhaft Ihr Gewicht reduzieren, indem Sie Ihre Ess- und Ernährungsgewohnheiten umstellen und Ihr Bewusstsein für Nahrung und Nahrungsaufnahme verändern. Dabei ernähren Sie sich jedoch abwechslungsreich, ausgewogen

Diät oder Vorhaben	Zeitpunkt	Gewicht davor	Gewicht danach	Gewicht ein halbes Jahr später

und vor allem alltagstauglich, verlieren Fett und steigern Ihr Wohlbefinden und Ihre Gesundheit. Vervollständigt wird die Ernährungsumstellung durch ein Bewegungskonzept, das Sie nicht zu Höchstleistungen treibt, dafür aber umso einfacher in Ihren Alltag integriert werden kann. Wie dieses Konzept genau funktioniert, lässt sich auf eine sehr einfache Formel bringen:

2+2+4

2+2+4 bedeutet:

- 2 x 20 Minuten pro Woche Walken oder Joggen,
- 2 x 20 Minuten pro Woche Übungen für die Muskulatur, die zu Hause gemacht werden können,
- 4 Tage in der Woche mit reduziertem Fett-Verzehr (Frauen: 40 g, Männer: 60 g).

2+2+4 zielt darauf ab, dass Sie langfristig Ihr Wunschgewicht erreichen, dieses auch halten können und zusätzlich an Ihrer wichtigsten Altersvorsorge arbeiten: Ihrer Gesundheit.

Das alles lässt sich ohne Stress, Zwang und Frust realisieren – und hat somit die größten Aussichten auf Erfolg.

Vier Tage in der Woche müssen Sie wirklich Ihren Fett-Verzehr reduzieren. An den restlichen drei Tagen, den Orgien-Tagen, dürfen Sie auch mal was naschen, aber natürlich nicht hemmungslos. Wenn Sie sich jetzt bewusst ernähren und über die Risiken einer falschen Ernährung informiert sind, wird Ihnen das nicht länger schwer fallen.

Der entscheidende Faktor bei der Gewichtsreduktion aber ist nun einmal die Ernährung, beziehungsweise die Fettreduktion – nicht umsonst nimmt sie alleine schon vier Tage ein und nicht umsonst sind Ernährung und Essverhalten auch in diesem Buch von größter Bedeutung. Belegt wurde der immens große Anteil, den die Ernährung an der Gewichtsreduktion einnimmt, durch Langzeitstudien. Dort stellte sich heraus, dass nur diejenigen auch nach einem Jahr ihr neu errungenes Gewicht halten konnten, die konsequent ihre Ernährung umgestellt hatten. Die anderen, die vielleicht sogar mehr Sport machten, aber wieder in alte Essverhaltensmuster zurückgefallen waren, hatten wieder zugenommen.

Trotzdem: Vernachlässigen Sie niemals die Bewegung – und den Bewegungsmuffeln unter Ihnen sei gesagt: Sie können, wenn Sie Sport treiben, mehr essen als ohne Sport. Wenn das kein Argument ist!

Dass es tatsächlich möglich ist, ohne Frust, Stress und nervige Diät Gewicht zu verlieren und gleichzeitig Gesundheitsvorsorge zu betreiben, beweist die folgende Studie, die Sie vielleicht noch aus der »Focus«-Serie kennen und die ich über zwölf Wochen begleitet habe:

Auswirkungen eines 12-wöchigen präventivmedizinischen Gesundheitscoachings auf gesunde Erwachsene mittleren Alters

Ziel der Untersuchung war die differenzierte Analyse eines 12-wöchigen Präventionsprogramms bei Erwachsenen mit überwiegend sitzender Tätigkeit – also Ihnen. Dabei wurden die verschiedensten Parameter, angefangen vom Gewicht über Blutdruck bis hin zum Harnsäuregehalt im

Wenn der Schweinehund mal wieder zupackt …
Oha, jetzt wird's medizinisch – muss man dafür studiert haben, um das zu verstehen?!
Keine Sorge – Sie werden alles verstehen und an den paar medizinischen Begriffen sollten Sie sich nicht reiben, schließlich bin ich Wissenschaftler, und Sie profitieren davon.

Dass es tatsächlich möglich ist, ohne Frust abzunehmen, hat eine 12-wöchige Studie des »Focus« gezeigt, die ich begleitet habe.

Blut, untersucht. Die Studie dokumentiert eindrucksvoll, wie sich schon durch minimale Veränderungen des Lebensstils die Gesundheitssituation deutlich verbessern lässt.

36 Männer zwischen 38 und 53 Jahren mit einem BMI zwischen 25 und 32 sowie 13 Frauen zwischen 35 und 52 mit einem BMI, der ebenfalls zwischen 25 und 32 lag, nahmen an einem 1,5-tägigen Gesundheitsseminar teil, in dem neben einem gesundheitsorientierten Bewegungstraining auch der Einstieg in eine gesunde Ernährung sowie Entspannungstechniken gelehrt wurden. (Statt des Gesundheitsseminars haben Sie dieses Buch.)

Nach dem Seminar sollte jeder nach dem PRÄMIEN-Konzept leben, also sein Trainingsprogramm absolvieren und an vier Tagen pro Woche fettreduziert essen.

Ein Teilnehmer der Studie, die in der Zeitschrift »Focus« veröffentlicht wurde, war Andreas Blüher. Vielleicht kann sich die eine oder der andere noch an ihn erinnern – hat doch das PRÄMIEN-Konzept ganz erstaunliche Wirkung gezeigt:

Er hat mit einer konsequenten Umstellung seiner Essgewohnheiten sein Wunschgewicht erreicht und dieses auch gehalten: Statt 86 kg bringt er nun 78 kg auf die Waage – und die sind auch noch durchtrainiert. Der frühere Leistungssportler brauchte den Kick von außen, beherzigte dann aber die Bedingungen und tat sogar noch ein bisschen mehr. Im Durchschnitt hatte er drei Jogging-Tage pro Woche à 45–60 Minuten und ein bis zwei Tage, an denen er etwa 60 Minuten ein Krafttraining absolvierte. Der Erfolg kann sich sehen lassen: Mit einem 10 cm kleineren Bauchumfang, deutlich mehr Muskeln und viel mehr Energie hat Andreas Blüher nicht nur das präventiv-medizinische Optimum erreicht – auch seine Attraktivität wurde auf diese Weise um ein Vielfaches gesteigert.

Allgemein können als wichtigste Befunde der Studie festgehalten werden:

- Die Gewichtsabnahme schwankte zwischen 5,7 und 13,6 kg.
- Sowohl das Gesamtcholesterin als auch das schädliche LDL wurden deutlich gesenkt.

- Die Triglyceride, verantwortlich für Ablagerungen in den Gefäßinnenseiten, wurden reduziert.
- Der Harnsäureanteil im Blut, der für die Entstehung von Gicht verantwortlich ist, wurde vermindert.
- Der BMI konnte deutlich gesenkt werden. Er lag bei den Teilnehmern nun zwischen 22 und 30.

Wer schön sein will, muss nicht leiden!

Als Ergebnis dieser 12-wöchigen Studie lässt sich festhalten: Schon durch eine geringfügige Veränderung des Lebensstils in Form eines aeroben Ausdauertrainings, verbunden mit ausgewogener, fettreduzierter Ernährung, lassen sich sämtliche bekannte Risikofaktoren für Herz-Kreislauf- und Stoffwechselerkrankungen deutlich reduzieren. Aber nicht nur physisch gab es große Erfolge zu verzeichnen – auch psychisch zeigten die zwölf Wochen Wirkung: Alle Probanden gaben an, sich besser, leichter, ausgeglichener und vitaler zu fühlen.

Die Mischung macht's also: Bewegung, Ernährung und Entspannung ist die Trias, an der für unsere Gesundheitsprävention und die Erhaltung oder Steigerung unserer Leistungsfähigkeit kein Weg vorbeiführt. Dabei liegt ein ganz wichtiger Schlüssel in unserem Essverhalten.

Essen – aber was?

Wir leben in einer Gesellschaft, die sich über vieles beklagen kann, sicher aber nicht über Lebensmittelmangel. Ganzjährig gibt es die verschiedensten Obst- und Gemüsesorten, und neue Züchtungen, die größere Früchte und mehr Geschmack versprechen, kommen ständig hinzu. Trotzdem: Erdbeeren sind im Winter immer noch geschmacksneutral, und die Tomaten, die monatelang haltbar zu sein scheinen, schmecken eigentlich nicht mehr nach Tomaten … Zeit umzudenken?

Riesige Supermärkte bieten eine große Auswahl und warten zudem mit immer neuen Lebensmittel-Kreationen auf. Immer neue Joghurt- und Margarine-Sorten stehen im Kühlregal, und auch in der Käse-Theke tut sich eigentlich ständig was – nur leider bekommen das die Wenigsten von Ihnen wirklich mit, denn eigentlich beschränken wir uns auf rund 30 Produkte, die immer wieder in unserem Einkaufswagen landen. Die allermeisten Menschen bleiben ihren – oft falschen – Essgewohnheiten jahrelang treu. Die riesige Angebotspalette wirkt sich kaum auf un-

Was haben Sie in Ihrem Kühlschrank? Machen Sie den Check.

seren Einkaufszettel aus, mit Ausnahme neuer Schokoladensorten und Fertigprodukte. Es ist aber auch herrlich praktisch, einfach den Backofen anzustellen und eine dreiviertel Stunde später ein fertiges Gericht vor sich zu haben. Leider muss ich Ihnen sagen: Praktisch und gut ist so ein Essverhalten weder für Ihre Figur noch für Ihre Gesundheit. Und unkreativ ist es obendrein.

Wichtig ist, dass Sie den Unterschied kennen zwischen »guten« und »schlechten« Fetten, dass Sie wissen: Kohlenhydrat ist nicht gleich Kohlenhydrat, und dass Sie eine ausreichende Eiweißversorgung nicht vernachlässigen. Damit in Zukunft das Richtige in Ihrem Einkaufswagen landet und Sie wissen, was da nur in Ausnahmefällen und Notlagen hineingehört, damit Sie erkennen, welche Nahrungsmittel Ihre Gesundheit schützen und welche sich direkt auf den Hüften niederlassen, und damit Sie selbstbestimmter Ihre Einkaufsentscheidung treffen können, folgt nun ein Grundkurs in Ernährungskunde.

Schauen Sie aber zuvor in Ihren Kühlschrank und Ihre Vorratskammer und überprüfen Sie die Lage.

Der Kühlschrank-Vorratskammer-Check

Tragen Sie die Lebensmittel, die Sie finden, in die linke Spalte der Tabelle auf Seite 96 ein und machen Sie ein Kreuz unter die Rubrik, die Sie bei dem jeweiligen Lebensmittel vermuten. Wenn Sie nach der weiteren Lektüre dieses Buches über die verschiedenen Nahrungsmittel im Bilde sind, werden Sie manche Einordnung überprüfen müssen und sicher einige Überraschungen erleben. Aber Sie werden lernen, den Schweinehund an der kurzen Leine zu halten. Nur so wählen Sie beim Einkauf die richtigen Lebensmittel, und Ihr Kühlschrank und die Vorratskammer sehen bald ganz anders aus.

Lebensmittel	gesund	zum Abnehmen geeignet	Durchschnittskost, völlig in Ordnung	Dickmacher	ganz sicher ungesund

Wenn der Schweinehund mal wieder zupackt ...

Was ist denn schon dabei, wenn ich doch die Salami-Pizza so mag ...?

Wenn Sie tatsächlich an Ihrer Figur und Ihrer Gesundheit etwas ändern wollen, sollte die Salami-Pizza die große Ausnahme sein. Schaut man sich ihr Innenleben nämlich einmal genauer an, stellt man schnell fest, dass sie genau aus den Zutaten gemacht ist, aus denen Übergewicht und Krankheiten entstehen: viel Fett, viel Auszugsmehl und eine gute Portion nitrosaminhaltiger Nahrungsmittel wie gepökelte Fleischwaren oder geräucherter Speck.

Kohlenhydrate

Die moderne Ernährungswissenschaft empfiehlt für die tägliche Ernährung einen Kohlenhydratanteil von mindestens 50 %, maximal 30 % sollte aus Fett bestehen und rund 15 % aus Proteinen. Wem diese Zahlen zu abstrakt erscheinen, der sollte mal einen Blick auf die Lebensmittelpyramide werfen (s. S. 98).

Macht man sich deren Vorgaben zu Eigen, werden so wichtige Voraussetzungen für die Gesundheit geschaffen.

Kohlenhydrate sollten den wichtigsten Bestandteil unserer Nahrung bilden. Jedoch müssen Sie dabei berücksichtigen, dass Kohlenhydrate von ganz unterschiedlicher Qualität sein können. Sicher ist es wenig sinnvoll, seinen Kohlenhydratanteil aus Haushaltszucker zu decken.

Obst, Gemüse und Hülsenfrüchte sollten den Hauptbestandteil unserer Nahrung ausmachen, danach kommen proteinhaltige Lebensmittel und schließlich Getreide und Kartoffeln. Ganz an der Spitze stehen Fette, Öle, Zucker und Alkohol – sie sollten nur in kleinen Mengen genossen werden. Nicht zu vernachlässigen ist die Flüssigkeitszufuhr, die mengenmäßig den größten Anteil ausmacht.

Nimmt man dagegen Vollkornprodukte, Gemüse, Obst und Hülsenfrüchte zu sich, sind die Kohlenhydrate mit Ballaststoffen gepaart, die lang anhaltend sättigen und fit halten. Zucker pur ist jedoch ein leerer Kalorienträger, der weder Ballaststoffe noch Vitamine liefert und zusätzlich unseren Blutzuckerspiegel durcheinanderbringt.

Unterscheiden lassen sich die Kohlenhydrate aufgrund ihrer chemischen Zusammensetzung. So gibt es Einfachzucker, Zweifachzucker und Vielfachzucker – im Haushaltsjargon besser bekannt als Traubenzucker, Haushaltszucker und Stärke. Während die Ein- und Zweifachzucker süß schmecken, trifft dies auf die Vielfachzucker nicht zu. Sie bestehen aus einer langen Verkettung von Einfachzuckern und tragen deshalb auch den Namen »komplexe Kohlenhydrate«. Während lange Zeit davon ausgegangen wurde, dass komplexe Kohlenhydrate langsamer ins Blut gelangen und so den Blutzuckerspiegel nicht so steil ansteigen lassen, weiß man heute, dass die Kettenlänge keinen entscheidenden Einfluss darauf hat, wie rasch eine Aufnahme des Zuckers ins Blut erfolgt. Eine ganz wichtige Größe für diese Geschwindigkeit ist dagegen die »Verpackung« der Kohlenhydrate. Kommen sie mit vielen Ballaststoffen daher, dann verlangsamt sich damit automatisch die Aufnahmegeschwindigkeit, ein hoher Blutzuckeranstieg entfällt.

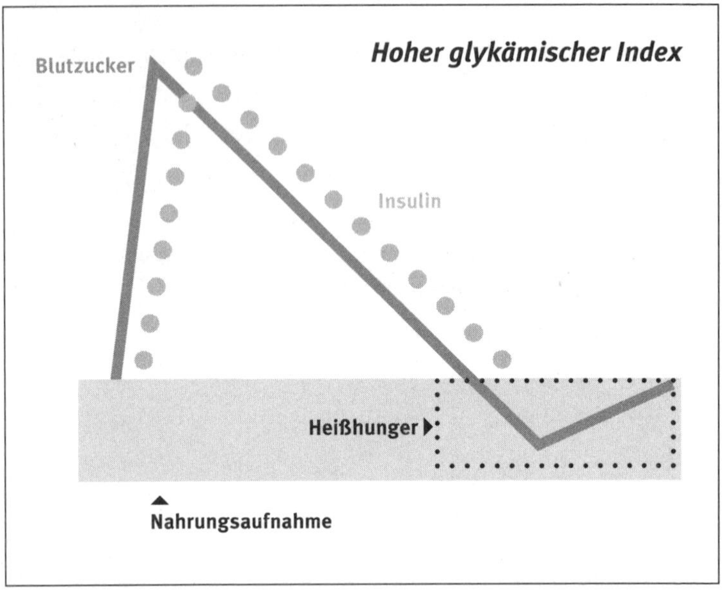

Nahrungsmittel mit hohem GLYX bewirken einen steilen Anstieg des Blutzuckerspiegels – und einen ebenso raschen Abfall.

Entscheidend ist der GLYX-Faktor

Sicher haben Sie schon festgestellt, dass manche Nahrungsmittel nur kurzfristig sättigen und dass sich bald nach deren Verzehr Konzentrationsschwäche und Heißhungerattacke einstellen. Andere wiederum sättigen lang anhaltend. Das hängt mit dem Tempo zusammen, in dem die Kohlenhydrate in Einfachzucker umgewandelt werden können und wie schnell daraufhin der Blutzucker ansteigt. Hier kommt nun der glykämische Index ins Spiel, kurz GI oder

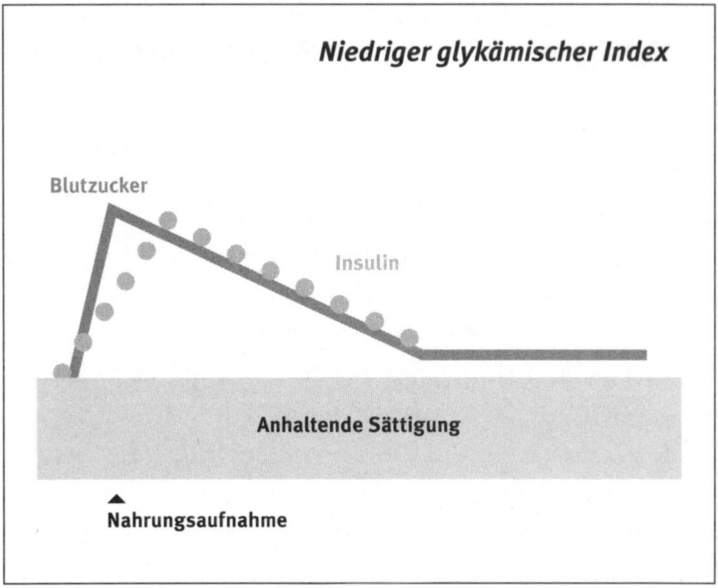

Lebensmittel mit einem niedrigen Glyx sorgen für eine anhaltende Sättigung.

GLYX genannt, der die Wirkung von Kohlenhydraten auf den Blutzuckerspiegel beschreibt. Unterschiedliche Nahrungsmittel mit gleicher Kohlenhydratmenge führen zu unterschiedlich hohen Blutzuckeranstiegen.

Entwickelt wurde das GLYX-Konzept 1981 von Prof. Dr. David Jenkins aus Toronto. Er war der Erste, der Lebensmittel in ihrer Wirkung auf den Blutzuckeranstieg unterschieden hat.

Faustregel: Ein hoher Blutzuckeranstieg ist nicht erwünscht.

Nahrungsmittel mit hohem glykämischen Index wie Honig oder Weißbrot, bewirken einen raschen und dramatischen Anstieg des Blutzuckerspiegels und leider einen ebenso raschen und dramatischen Abfall. Verantwortlich dafür ist das Insulin, das bei hohen Blutzuckerwerten in großen Mengen ausgeschüttet wird. Das Hormon schleust Zucker in die Zellen und speichert das Fett im Fettgewebe. Der hohe GLYX-Wert von Weißbrot zeigt also an, dass ein Toastbrot den Blutzuckerspiegel sehr schnell ansteigen lässt und so den Körper stimuliert, etwaige Fette in der Nahrung, wie die Butter oder die Leberwurst als Brotbelag, sofort in Fett-Depots an Bauch und Po zu speichern. Das Fett wird dabei also nicht im Muskel verbrannt, sondern zum Pölsterchen weiterverarbeitet – bis das dabei herauskommt, was Sie bekanntlich ändern wollen.

Masthormon Insulin

Lebensmittel mit einem hohen glykämischen Index werden auch als hyperglykämisch bezeichnet, denn sie sorgen für einen überhöhten Blutzuckerspiegel und damit für zu viel Insulin im Blut. Langfristig steigert ein ständig überhöhter Insulinspiegel die Gefahr, an Typ-2-Diabetes zu erkranken, also an einer Insulinresistenz (s. S. 69 ff.). Gleichzeitig wird durch einen hohen Insulinspiegel die Gefahr von Übergewicht stark erhöht, denn Insulin blockiert für mehrere Stunden den Fettabbau. Es ist sozusagen ein »Masthormon«, das zwar leicht Fett in die Fett-Depots hinein-, sie dann aber nicht gerne von dort wieder herauslässt. Die Insulinfalle wirkt besonders effektiv, wenn – typisch für die deutsche Küche – Kohlenhydrate zusammen mit Fett und Eiweiß verspeist werden. Aber auch beim allseits beliebten Croissant mit Butter und Marmelade kommen die drei folgenschwersten Ernährungsfehler zur vollen Entfaltung: Fabrikzucker, Auszugsmehl und tierisches Fett bilden das Triumvirat zur Förderung des Übergewichts.

Auf der schwarzen Liste stehen deshalb beliebte Speisefolgen wie Schweinebraten mit Spätzle und Rahmsoße, einem Bier zum Runterspülen und als Nachtisch Mousse au Chocolat sowie einem Grappa, um alles wieder aufzuräumen. Alkohol behindert nicht nur die Fettverbrennung, sondern auch den Abbau von Insulin und ist deshalb zum großen Teil mitverantwortlich für die abendlichen Heißhungerattacken vor dem Fernseher.

Gefährliche Berg- und Talfahrt

Insgesamt ist es nicht ratsam, im Lauf des Tages seinen Insulinspiegel immer wieder durch Lebensmittel mit hohem glykämischen Index nach oben schnellen zu lassen. Ein starkes Auf und Ab kann einerseits natürlich keinen konstanten Blutzuckerspiegel erzeugen – und der plötzliche Anstieg lässt auf der anderen Seite einen ebenso plötzlichen Abfall bis hin zur Hypoglykämie, also Unterzuckerung, folgen. Gerade der plötzliche Abfall begünstigt Heißhungerattacken, während die Leistungs- und Konzentrationsfähigkeit auf dem Nullpunkt landen. Sicher ist Ihnen das tiefe Loch, in das Sie nachmittags gerne fallen, nicht unbekannt. Beides, Hungergefühl und Leistungstief, verleitet dann rasch zu einer erneuten Wiederaufnahme von Lebensmitteln mit hohem GLYX, die wiederum Blutzuckerspiegel und Insulin ansteigen lassen.

In der Praxis wird dies deutlich, wenn Sie zum Frühstück zwei weiße Brötchen essen und bereits zwei Stunden danach wieder Hunger verspüren. Versuchen Sie einmal, morgens ein ballaststoffreiches Müsli mit Haferflocken, frischem Obst und fettarmem Joghurt zu essen, und achten Sie darauf, wann Sie wieder Hunger verspüren und wie fit Sie sich fühlen. Sie werden rasch bemerken, dass ein Müsli wesentlich länger sättigt, denn Müsli hat einen niedrigen glykämischen Index. Müsli sollten Sie aber nicht mit den herkömmlichen Cornflakes verwechseln, die meistens eine Menge Zucker und Fett enthalten.

Der Tages-Energie-Check

Kopieren Sie sich die Tabelle vierzehnmal und tragen Sie jetzt und in fünf Wochen – also nachdem Sie Ihre Bewegungs- und Ernährungsgewohnheiten bereits eine Zeit lang umgestellt haben – jeweils eine Woche lang Ihre Tagesenergiekurve ein. Ich bin mir sicher, dass der Unterschied beider Kurven Ihre Willenskraft stärken wird, den Schweinehund weiterhin kurz zu halten …

Ich könnte Bäume ausreißen																		
Ich bin wach und fit!																		
Fühle mich völlig normal																		
Ich kann mich schlecht konzentrieren																		
Fühle mich schlapp und ausgebrannt																		
Bin ziemlich müde																		
Ich könnte sofort einschlafen																		
Uhrzeit	7	8	9	10	11	12	13	14	15	16	17	18	19	20	21	22	23	24

Nahrungsmittel mit einem niedrigen GLYX wie zum Beispiel ballaststoffreiche Lebensmittel bewirken, dass der Blutzuckerspiegel nur langsam ansteigt und insgesamt niedriger bleibt. Ihre energiespendenden Kohlenhydrate sind für den Stoffwechsel langsamer verfügbar. Dadurch wird weniger Insulin ausgeschüttet, der Blutzuckerspiegel bleibt konstanter und wir länger satt.

Lebensmittel richtig kombinieren

Da es uns ja nicht nur um Gewichtsreduktion, sondern auch um Gesundheit und Fitness geht, sollten bevorzugt Lebensmittel, die einen niedrigen bis mittleren GLYX aufweisen, mit fettarmen, aber proteinreichen Lebensmitteln kombiniert und verzehrt werden. Eine ideale Kombination wäre folglich Gemüse mit Basmatireis und Seelachs, zum Nachtisch dann ein fettarmer Joghurt mit frischen Früchten. Aber auch die Mittelmeerküche mit reichlich Gemüse, Olivenöl, Meeresfisch vom Grill und Spaghetti ist nicht nur dem Herz-Kreislauf-System zuträglich (s. S. 57 f.), sondern dient zugleich auch einem konstanten Blutzuckerspiegel. Wollen Sie dennoch nicht immer auf Lebensmittel mit hohem GLYX-Faktor verzichten, dann essen Sie diese doch in Kombination mit Lebensmitteln, die einen niedrigen GLYX haben. Essen Sie beispielsweise zu den Kartoffeln mit hohem GLYX eine Portion Linsen oder Gemüse. Als Summe bewegt sich der GLYX-Faktor Ihres Essens dann im mittleren

Bereich. Neben einem ausgewogenen GLYX-Index darf man natürlich niemals die fettreduzierte Ernährung vernachlässigen.

Orientieren Sie sich bei Ihrer zukünftigen Lebensmittelauswahl an der nachfolgenden GLYX-Tabelle. Bauen Sie Lebensmittel mit niedrigem GLYX möglichst oft in den Speiseplan ein, solche mit hohem GLYX-Wert stehen an den Basis-Tagen auf der schwarzen Liste und sollten auch an den Orgien-Tagen die Ausnahme sein.

Da die Tabelle nicht nur den glykämischen Index angibt, sondern auch Hinweise auf andere Nährstoffe liefert wie Vitamine, Mineralstoffe und sekundäre Pflanzenstoffe, haben Sie weiteres Rüstzeug zur Hand, um sich gesunde Kombinationen auszusuchen, die Ihnen bei Ihrem Vorhaben einer ausgewogenen und gesunden Ernährung die Sache schmackhaft machen.

Alphabetische GLYX-Tabelle

Lebensmittel mit niedrigem GLYX	**Nährstoffdichte**
Alfalfasprossen	günstiger Gehalt an K, Mg, Vit. C, Kar. u.a. SPS
Äpfel	günstiger Gehalt an K, Vit. C, Kar. u.a. SPS
Apfelmuffins	mittlerer Gehalt

Lebensmittel mit niedrigem GLYX	**Nährstoffdichte**
Apfelsaft	kaliumreich
Apfelsaftschorle	Fitnessgetränk, ausgezeichneter Durstlöscher
Aprikosen, frisch	günstiger Gehalt an K, Vit. C, Kar. u.a. SPS, Bst.
Aprikosen, getrocknet	günstiger Gehalt an K, Kar. u.a. SPS, Bst.
Auberginen	mittlerer Gehalt an K, Mg, Vit. C, Kar. u.a. SPS, Bst.
Bananenkuchen	günstiger Gehalt an K
Beeren	günstiger Gehalt an K, Vit. C, Kar. u.a. SPS, Bst.
Birnen	günstiger Gehalt an K, Vit. C, Kar. u.a. SPS, Bst.
Bitterschokolade (70 % Kakao)	Fettgehalt beachten!
Blattsalate	günstiger Gehalt an K, Mg, Vit. C, Kar. u.a. SPS, Bst.
Brokkoli	günstiger Gehalt an K, Mg, Vit. C, Kar. u.a. SPS, Bst.
Buchweizen	hoher bis mittlerer Gehalt an Vit., Mg, Bst.
Bulgur	mittlerer Gehalt an Vit. B_1, Mg, Bst.
Buttermilch	kalziumreich

Lebensmittel mit niedrigem GLYX	**Nährstoffdichte**
Chicorée	günstiger Gehalt an K, Mg, Vit. C, Kar. u.a. SPS, Bst.
Dickmilch	günstiger Gehalt an Ca, Vit. B_2; außer bei Magerstufe auch Vit. A und Vit. D
Erdnüsse	Fettgehalt beachten! MUFS, Vit. E, Mg, Fe, SPS
Frischkornbrei	günstiger Gehalt an Vit. B_1, Mg, Bst.
Fruchtzucker (Fruktose)	isolierter Zucker ohne Vitamine und Mineralstoffe
Gerstengraupen	mittlerer Gehalt an Vit. B_1, Mg, Bst.
Gerstenvollkornbrot, grobkörnig	günstiger Gehalt an Vit. B_1, Mg, Bst.
Getreidekörner, geschrotet	hoher bis mittlerer Gehalt an Vit. B_1, Mg, Bst.
Glasnudeln aus Mungobohnen	gering
Grapefruits	günstiger Gehalt an K, Vit. C, Kar. u.a. SPS, Bst.
Grapefruitsaft	Vitamin-C- und kaliumreich
Grüne Bohnen	günstiger Gehalt an K, Mg, Vit. C, Kar. u.a. SPS, Bst.
Gurken	mittlerer Gehalt an K, Mg, Vit. C, Kar. u.a. SPS, Bst.
Haferkleiebrot	günstiger Gehalt an Vit. B_1, Mg, Bst.

Lebensmittel mit niedrigem GLYX	**Nährstoffdichte**
Haferkleiekekse und ungezuckertes Hafergebäck	günstiger Gehalt an Vit. B_1, Mg, Bst.
Hülsenfrüchte	hoher Gehalt an Vit. B_1, Mg, Bst., SPS
Joghurt	günstiger Gehalt an Ca, Vit. B_2; außer bei Magerstufe auch Vit. A und Vit. D
Käse	Fettstufen und Fettgehalt beachten! Ca
Kefir	günstiger Gehalt an Ca, Vit. B_2; außer bei Magerstufe auch Vit. A und Vit. D
Kleieflocken	günstiger Gehalt an Vit. B_1, Mg, Bst.
Kidneybohnen	hoher Gehalt an Vit. B_1, Mg, Bst.
Kirschen	günstiger Gehalt an K, Vit. C, Kar. u.a. SPS, Bst.
Kiwis	günstiger Gehalt an K, Vit. C, Kar. u.a. SPS, Bst.
Knäckebrot, ballaststoffreich	günstiger Gehalt an Bst.
Kohlgemüse aller Art	günstiger Gehalt an K, Mg, Vit. C, Kar, u.a. SPS, Bst.
Kürbiskerne	Fettgehalt beachten! MUFS, Vit. E, Mg, Fe, SPS
Laktose (Milchzucker)	isolierter Zucker, begünstigt die Darmflora
Leinsamen	Fettgehalt beachten! MUFS, Vit. E, Mg, Fe, SPS

Lebensmittel mit niedrigem GLYX	**Nährstoffdichte**
Linsen	hoher Gehalt an Vit. B_1, Mg, Bst.
Mandeln	Fettgehalt beachten! MUFS, Vit. E, Mg, Fe, SPS
Mangold	günstiger Gehalt an K, Mg, Vit. C, Kar. u.a. SPS, Bst.
Mehrkornvollkornbrot (Körner- und Saatenmischung)	günstiger Gehalt an Vit. B_1, Mg, Bst.
Milch	günstiger Gehalt an Ca, Vit. B_2; außer bei Magerstufe auch Vit. A und Vit. D
Möhren, roh	günstiger Gehalt an K, Mg, Vit. C, Kar. u.a. SPS, Bst.
Nudeln aus Hartweizen	gering
Nusskuchen	Fettgehalt beachten!
Orangen	günstiger Gehalt an K, Vit. C, Kar. u.a. SPS, Bst.
Orangensaft	Vitamin-C-reich, Bioflavonoide
Paprika	günstiger Gehalt an K, Mg, Vit. C, Kar. u.a. SPS, Bst.
Pilze	mittlerer Gehalt an K, Mg, Kar. u.a. SPS, Bst.
Pfirsiche	günstiger Gehalt an K, Vit. C, Kar, u.a. SPS, Bst.

Lebensmittel mit niedrigem GLYX	**Nährstoffdichte**
Pflaumen	günstiger Gehalt an K, Vit. C, Kar. u. a. SPS, Bst.
Pumpernickel	günstiger Gehalt an Mg, Bst.
Quark	günstiger Gehalt an Ca, Vit. B_2; außer bei Magerstufe auch Vit. A und Vit. D
Radieschen	günstiger Gehalt an K, Mg, Vit. C, Kar. u. a. SPS, Bst.
Reis, parboiled	gering
Rettich	günstiger Gehalt an K, Mg, Vit. C, Kar. u. a. SPS, Bst.
Roggenvollkornbrot, grobkörnig	günstiger Gehalt an Vit. B_1, Mg, Bst.
Sellerie	günstiger Gehalt an K, Mg, Vit. C, Kar. u. a. SPS, Bst.
Sesamsaat	Fettgehalt beachten! MUFS, Vit. E, Mg, Fe, Ca, SPS
Sojabohnen	hoher Gehalt an Vit. B_1, Mg, Bst., SPS
Sojabrot mit Leinsamen	günstiger Gehalt an Vit. B_1, Mg, Bst., SPS
Sojadrink	Austauschprodukt bei Milch(zucker)unverträglichkeit
Sojasprossen	günstiger Gehalt an K, Mg, Vit. C, Kar. u. a. SPS, Bst.

Lebensmittel mit niedrigem GLYX	**Nährstoffdichte**
Sonnenblumenkerne	Fettgehalt beachten! MUFS, Vit. E, Mg, Fe, SPS
Spinat	günstiger Gehalt an K, Mg, Vit. C, Kar. u.a. SPS, Bst.
Tomaten	günstiger Gehalt an K, Mg, Vit. C, Kar. u.a. SPS, Bst.
Tomatensaft	reich an Karotinoiden, besonders Lykopin
Trauben	günstiger Gehalt an K, Vit. C, Kar. u.a. SPS, Bst.
Trinkschokolade	günstiger Gehalt an Ca, Vit. B_2
Trockenerbsen	hoher Gehalt an Vit. B_1, Mg, Bst.
Vollkornbrot mit Kürbiskernen	günstiger Gehalt an Vit. B_1, Mg, Bst., SPS
Vollkornbrot mit Leinsamen	günstiger Gehalt an Vit. B_1, Mg, Bst.
Vollkornfrüchtebrot	günstiger Gehalt an Vit. B_1, Mg, K, Bst.
Vollkornhaferflocken	günstiger Gehalt an Vit. B_1, Mg, Bst.
Vollkornmüsli ohne Zucker	günstiger Gehalt an Vit. B_1, Mg, Bst.
Vollkornspaghetti	hoher bis mittlerer Gehalt an Vit., Mg, Bst.
Walnüsse	Fettgehalt beachten! MUFS, Vit. E, Mg, Fe, SPS

Lebensmittel mit niedrigem GLYX	**Nährstoffdichte**
Weiße Bohnen	hoher Gehalt an Vit. B_1, Mg, Bst.
Weizenkeime	günstiger Gehalt an Vit. B_1, Vit. E, Mg, Bst.
Yakult (probiotisches Milchgetränk)	günstiger Gehalt an Ca, Vit. B_2; außer bei Magerstufe auch Vit. A und Vit. D
Zucchini	mittlerer Gehalt an K, Mg, Vit. C, Kar. u. a. SPS, Bst.
Zwiebeln	günstiger Gehalt an K, Mg, Vit. C, Kar. u. a. SPS, Bst.
Lebensmittel mit mittlerem GLYX	**Nährstoffdichte**
Ananas	günstiger Gehalt an K, Vit. C, Kar. u. a. SPS
Aprikosen in Dosen	günstiger Gehalt an K, Vit. C, Kar. u. a. SPS
Bagels	gering
Bananen	günstiger Gehalt an K, Vit. C
Basmatireis	gering
Bier	alkoholhaltig
Biskuits	Fettgehalt beachten!
Brot, glutenfrei	gering
Butterkekse	Fettgehalt beachten!
Chapati (indisches Fladenbrot)	gering

Lebensmittel mit mittlerem GLYX	**Nährstoffdichte**
Couscous	mittlerer Gehalt an Vit. B_1, Mg, Bst.
Cracker	Fettgehalt beachten!
Eiscreme	Fettgehalt beachten!
Fruchtnektare, Fruchtsaftgetränke	Zuckerzusatz beachten; z.T. Vitamin- und Mineralstoffzusatz
Haushaltszucker	praktisch null
Gebäck	Fettgehalt beachten!
Gnocchi	gering
Grüne Erbsen, frisch, TK oder in Dosen	mittlerer bis hoher Gehalt an Mineralstoffen und Vitaminen
Haferflocken, Instant	günstiger Gehalt an Vit. B_1 und Mg
Hirse	mittlerer bis hoher Gehalt an Vit. B_1, Mg, Bst.
Honig	praktisch null
Kartoffeln, neu, gekocht	mittlerer Gehalt an K, Vit. C
Kartoffelbrei	gering
Kartoffelchips	niedrig, hoher Fettgehalt
Konfitüre, Marmelade	gering
Kürbis	mittlerer Gehalt an Mineralstoffen und Vitaminen

Lebensmittel mit mittlerem GLYX	**Nährstoffdichte**
Langkornreis, gekocht	gering
Mais (Gemüsemais)	mittlerer bis hoher Gehalt an Vit. B_1, Mg, Bst.
Mangos	günstiger Gehalt an K, Vit. C, Kar. u.a. SPS
Melonen	günstiger Gehalt an K, Vit. C, Kar. u.a. SPS
Milchprodukte mit viel Zuckerzusatz	besser fettarmer Joghurt oder Quark mit frischem Obst
Möhren, gekocht	mittlerer Gehalt an Mineralstoffen und Vitaminen, SPS
Müsli mit Zuckerzusatz	mittlerer Gehalt an Vit. B_1 und Mg
Müsliriegel	Fettgehalt beachten!
Papayas	günstiger Gehalt an K, Vit. C, Kar. u.a. SPS
Pitabrot	gering
Pizza mit Käse und Tomaten	Fettgehalt beachten!
Pizzabrot	gering
Popcorn	gering
Porridge	günstiger Gehalt an Vit. B_1 und Mg
Reiskräcker	gering
Rosinen	günstiger Gehalt an K, Kar. u.a. SPS

Lebensmittel mit mittlerem GLYX	**Nährstoffdichte**
Rote Beete	mittlerer Gehalt an Mineralstoffen und Vitaminen
Schokolade	Fettgehalt beachten!
Sportgetränke, z. B. isotonische Drinks	Zuckerzusatz beachten; z.T. Vitamin- und Mineralstoffzusatz
Süßkartoffeln, Yam	mittlerer Gehalt an K, Vit. C
Vollkornbrot, fein geschrotet	günstiger Gehalt an Vit. B_1, Mg
Vollkornknäckebrot	günstiger Gehalt an Vit. B_1, Mg
Vollkornreis	mittlerer bis hoher Gehalt an Vit. B_1, Mg, Bst.
Wilder Reis	mittlerer bis hoher Gehalt an Vit. B_1, Mg, Bst.
Zuckermais	mittlerer Gehalt an Mineralstoffen und Vitaminen
Lebensmittel mit hohem GLYX	**Nährstoffdichte**
Croissants	hoher Fettgehalt
Cornflakes, Pops & Co.	z. T. werden Vitamine und Mineralstoffe zugesetzt
Französisches Baguette	niedrig
Instant-Reis	niedrig

Lebensmittel mit hohem GLYX	**Nährstoffdichte**
Kartoffeln, gebacken	mittel
Kartoffeln, in der Mikrowelle gegart	mittel
Kartoffelpulver (Instantprodukt)	niedrig
Limonaden	Zuckerzusatz beachten; sehr niedrige Nährstoffdichte
Maisstärke	praktisch null, außer bei Vitamin- und Mineralstoffzusatz
Maisstärke, gekocht	praktisch null
Maltodextrin (Kohlenhydratkonzentrat)	praktisch null, außer bei Vitamin- und Mineralstoffzusatz
Maltose (Malzzucker)	praktisch null, außer bei Vitamin- und Mineralstoffzusatz
Pommes frites	Fettgehalt beachten!
Softdrinks	Zuckerzusatz beachten; sehr niedrige Nährstoffdichte
Traubenzucker	praktisch null, außer bei Vitamin- und Mineralstoffzusatz
Waffeln	hoher Fettgehalt

Lebensmittel mit hohem GLYX	Nährstoffdichte
Weißbrot/Brötchen	niedrig
Weißer Reis (niedriger Amylosegehalt), gekocht	niedrig

Erläuterungen zu der GLYX-Tabelle:

- Die in der Tabelle verwendeten Abkürzungen sind: K für Kalium, Ca für Kalzium, Mg für Magnesium, Fe für Eisen, Vit. für Vitamine, Min. für Mineralstoffe, Bst. für Ballaststoffe, Kar. für Karotinoide, SPS für sekundäre Pflanzenstoffe und MUFS für mehrfach ungesättigte Fettsäuren.
- Fisch, Fleisch (mit Ausnahme der Innereien) und Ei sind nahezu reine Proteinträger und enthalten kaum Kohlenhydrate. Aufgrund ihrer hochwertigen Proteine, ihres Gehalts an Vitamin B und an Mineralstoffen und Spurenelementen gehören sie zu einer ausgewogenen Ernährung. Bei ihrem Verzehr sollten jedoch immer ihr Fettgehalt und die verschiedenen Fettqualitäten (s. S. 124 f.) im Auge behalten werden.
- Nüsse und Ölsamen sollten wegen ihres hohen Fettgehalts nur in Maßen genossen werden.

Proteine

Ohne Proteine geht gar nichts. Der Sauerstofftransport im Blut, die Fortpflanzung oder die Erneuerung von Haut und Haar – Proteine sind bei den verschiedensten Prozessen unentbehrlich. So verschieden ihre Aufgabenbereiche sind, so unterschiedlich sind auch sie. Über 1000 verschiedene Proteine stellt der Körper mithilfe von 22 Aminosäuren her. Neun dieser Säuren kann er aber nicht selbst produzieren und ist somit auf die Zufuhr von außen, in Form von eiweißreicher Nahrung, angewiesen.

Rund 0,8 g/kg Körpergewicht braucht ein untrainierter Mensch an Protein. Eine 63 kg schwere Frau sollte daher pro Tag etwa 50 g Protein zu sich nehmen. Aktive Männer brauchen zwischen 90 und 120 g, aktive Frauen zwischen 65 und 75 g pro Tag. Das hört sich zunächst sehr viel an, durch die geschickte Kombination von pflanzlichen und tierischen Nahrungsmitteln lässt sich diese Proteinmenge aber schnell erreichen.

Proteinspender im Vergleich

Das tierische Protein ähnelt in seiner Zusammensetzung dem menschlichen Eiweiß und kann deshalb zum größten Teil in körpereigenes Eiweiß umgewandelt werden. Etwa die Hälfte der täglich zugeführten Proteine sollten deshalb tierischen Ursprungs sein. Fisch ist für unsere Eiweißversorgung von größter Bedeutung. Er hat den höchsten Proteingehalt unter den Lebensmitteln – höher als Fleisch und höher als Soja. Vor allem ist aber bedeutend, dass der menschliche Körper sein Eiweiß im Gegensatz zu den meisten pflanzlichen Eiweißen zu 100 % verwerten kann. Das durch Cholesterin in Verruf geratene Hühnerei

Dem Hühnerei haben wir einiges an Proteinen zu verdanken. Und je gesünder und artgerechter die Hühner aufwachsen, desto besser für den Konsumenten. Die Qualitätsunterschiede von Eiern aus der Legebatterie und Bio-Eiern von »glücklichen Hühnern« ist beachtlich.

ist ebenfalls ein wichtiger Proteinspender, denn auch das Eiweiß des Eis kann der menschliche Körper zu 100 % verwerten.

Um cholesterinarm auf seine Protein-Kosten zu kommen, bietet es sich an, öfter mal ein Omelett aus vier Eiweiß, aber nur einem Eigelb zu essen.

Proteinbombe Sojabohne

Kommen wir zu den pflanzlichen Eiweißspendern: An erster Stelle steht hier die Sojabohne. Sie stellt dem Menschen die neun Aminosäuren, die er braucht, allesamt zur Verfügung. Damit ist das Protein der Sojabohne genauso wertvoll wie das Casein, das Protein der Milch. Weitere Vorteile der Sojabohne: Sie enthält kaum Fettsäuren und kein Cholesterin – und eignet sich deshalb besonders für Menschen mit einem erhöhten Arteriosklerose-Risiko.

Soja-Milch und Tofu sind somit äußerst gesunde und schmackhafte Ergänzungen Ihrer Ernährung. Wertvolle pflanzliche Proteine sind aber auch in Getreideerzeugnissen, Pilzen, Nüssen und Kartoffeln enthalten. Werden pflanzliche und tierische Proteine zusammen verzehrt, erreicht man damit die höchste biologische Wertigkeit.

	So hoch ist der Proteingehalt (in %)	**Das können wir verwerten (in %)**
Tierische Nahrungsmittel		
Vollei	33	100
Rindfleisch	29	100
Fisch	61	100
Vollmilch	23	100
Pflanzliche Nahrungsmittel		
Sojabohnen	29	100
Reis	7	70
Linsen	24	60
Weizen	11	56

Lebensmittel	Protein (g) (in %)
Trinkmilch, 3,5 % Fett, 250 ml	8,5
Trinkmilch, 1,5 % Fett, 250 ml	8,5
Speisequark, 40 % Fett, 250 g	11,1
Speisequark, mager, 250 g	13,5
Butterkäse, 100 g	17,0
Edamer, 100 g	24,8
Harzer, 100 g	30,0
Hühnerei, (Gew.-Kl. M)	6,7
Makrele, 100 g	18,8
Sardine, 100 g	19,4
Forelle, 100 g	19,5
Lachs, 100 g	19,9
Hühnerbrust, 100 g	22,2
Rindfleisch (Filet), 100 g	21,2
Schweinefleisch (Kotelett), 100 g	22,2
Salami, 100 g	18,5
Schinken, 100 g	19,5
Fleischwurst, 100 g	28,5

Fette

Wer abnehmen will, darf kein Fett essen – das ist ein großer Irrtum, denn täte man dies, wäre das lebensbedrohlich. Fett ist schließlich Bestandteil aller Zellmembranen. Unser Gehirn besteht sogar zu etwa 70 % aus Fett. Hinzu kommt: Wer auf Dauer weniger als 25 g Fett pro Tag isst – das entspricht ungefähr einem Esslöffel Öl, zwei Teelöffeln Butter und je einer Scheibe Gouda und gekochtem Schinken –, dem fehlen lebenswichtige Fettsäuren und fettlösliche Vitamine, der Hormonhaushalt gerät durcheinander, und die Immunabwehr wird geschwächt. Fett ist also lebenswichtig. Nur zu viel Fett sollte vermieden werden, denn zu viel Fett macht fett. Und dass Übergewicht der Wegbereiter für zahlreiche Krankheiten ist, wissen Sie ja mittlerweile.

Nicht mehr als 60 g Fett am Tag für Frauen und 80 g für Männer, um das Gewicht zu halten, beziehungsweise 40 und 60 g, um abzunehmen.

Untersuchungen des Robert-Koch-Instituts haben ergeben, dass Männer zwischen 18 und 24 Jahren durchschnittlich 120 g Fett am Tag verspeisen. Davon sind 90 % tierische Fette – also gesättigte Fette, die viele Gefahren in sich bergen. Denn nicht nur die Menge des mit der Nahrung aufgenommen Fetts ist ein Faktor für Übergewicht und Krankheit – ganz entscheidend ist auch die Art des Fettes. Ich möchte Ihnen helfen, Fette unterscheiden zu lernen, Fette kennen zu lernen und Fette vermeiden zu lernen.

Kennen lernen – vermeiden lernen

Fett kommt in Pflanzen und Tieren gleichermaßen vor – aber in unterschiedlicher Qualität. Chemisch gesehen bestehen alle Nahrungsfette aus Glycerin und Fettsäuren. Entscheidend ist, ob die Fettsäuren, die wir zu uns nehmen, gesättigt oder ungesättigt sind. Tierische Fette enthalten überwiegend gesättigte Fettsäuren. Erkennen lassen sie sich daran, dass sie bei Raumtemperatur in der Regel fest sind. Pflanzliche Fette und Fischfette bestehen überwiegend aus ungesättigten Fettsäuren und sind bei Raumtemperatur flüssig.

Der Kaloriengehalt der Fettsäuren unterscheidet sich nicht, die Wirkung auf den Körper ist aber unterschiedlich. Mehrfach und einfach ungesättigte Fettsäuren wirken sich beispielsweise günstig auf Gefäße, Blutfette und Herz aus. Deshalb haben zwar Avocados und Oliven einen hohen Kaloriengehalt, da ihre Fette aber bis zu 70 % aus ungesättigten Fettsäuren bestehen, sind sie äußerst gesund und zum Beispiel als Brotbelag eine gesunde Alternative zur Wurst. Die Wirkung der »guten« Fette wird eindrucksvoll von Untersuchungen aus den Mittelmeerländern belegt (s. S. 57). Wissenschaftlich nachgewiesen ist die äußerst geringe Quote von Herz-Kreislauf-Erkrankungen etwa der Inselbewohner von Kreta. Im Vergleich zu nordeuropäischen Ländern haben sie drei Viertel weniger Herz-Kreislauf-Erkrankungen vorzuweisen. Ihre sensationelle Gesundheit verdanken die Inselbewohner den mediterranen Menüs mit reichlich Gemüse, frischem Obst, viel Fisch und Olivenöl mit ungesättigten Fettsäuren.

Ungesättigte Fettsäuren

Diese Gruppe lässt sich in einfach-, zweifach- und mehrfach ungesättigte Fettsäuren unterteilen.

- **Einfach ungesättigte Fettsäuren**
  Sie sind beispielsweise in Oliven-, Erdnuss-, Raps- und Rüböl enthalten.
- **Zweifach ungesättigte Fettsäuren**
  Soja-, Mais- und Sonnenblumenöl sind Träger dieser Fettsäuren.
- **Mehrfach ungesättigte Fettsäuren**
  Hering, Lachs, Thunfisch und Makrele – allesamt Meeresfische – sind, zusammen mit Lein- und Walnussöl die Hauptquelle dieser gesunden Fettsäuren. So sind diese Fische zwar fett, dennoch aber gesund für die Gefäße und sollten daher häufig auf dem Speiseplan stehen.

Die Herz-Kreislauf-Erkrankungen vorbeugende Wirkung der mediterranen Küche wird den einfach ungesättigten Fetten im Olivenöl und den mehrfach ungesättigten (vor allem den Omega-3-Fettsäuren) der Fische und Meeresfrüchte zugeschrieben.

Omega-3- und Omega-6-Fettsäuren

Diese Fettsäuren kommen nur bei den zwei- und mehrfach ungesättigten Fettsäuren vor, erfüllen aber wichtige Aufgaben in unserem Körper. Während die Omega-3-Fettsäure überwiegend im Fischfett, aber auch in Lein-, Walnuss- und Rapsöl vorkommt, findet sich die Omega-6-Fettsäure in Pflanzenöl, vor allem von Sonnenblumen, Soja und Maiskeimen. Zu den wichtigen essentiellen Fettsäuren, also den Fettsäuren, die der Körper nicht selbst herstellen kann und die daher mit der Nahrung zugeführt werden müssen, gehören aus der Gruppe der Omega-6-Fettsäuren die Linolsäure, aus der Gruppe der Omega-3-

Fettsäuren die Linolensäure. Fehlen sie in der Nahrung, treten Mangelerscheinungen auf. Ein gutes Verhältnis der beiden Fettsäuren haben Distel- und Leinöl.

Ernährungsexperten empfehlen als Brotaufstrich fettarmen Quark mit etwas Leinöl. Sehr zu empfehlen ist auch Leinsamen, der dem Müsli beigemischt werden kann.

Meeresfisch mehrmals pro Woche verzehrt, reduziert nachweislich das Herz-Kreislauf-Risiko, senkt den Cholesterinspiegel, wirkt sich günstig auf Gelenkentzündungen aus und verbessert insgesamt die Fließeigenschaft des Blutes.

Manchmal sollte es teurer sein ...

Nur auf den Cent zu schauen zahlt sich in Sachen Gesundheit nicht immer aus. So ist es zum Beispiel bewiesen, dass Zuchtlachse, -aale und -forellen einen deutlich niedrigeren Anteil an Omega-3-Fettsäuren aufweisen. Erklärt wird dieser Mangel durch die andere Futterzusammensetzung, die die Fische in Fischfarmen, im Gegensatz zu ihren Artgenossen in der freien Natur, bekommen. Auch beim Hühnerei sieht es nicht anders aus: Hier lohnt sich ebenfalls, das etwas teurere Ei »glücklicher Hühner« zu kaufen, die Auslauf haben, Gras und Körner picken kön-

Einfach ungesättigte Fettsäuren sollten den Hauptteil Ihres Fettkonsums ausmachen.

nen. Gleich zehnmal mehr Omega-3-Fettsäuren haben Bio-Eier vorzuweisen als die Eier ihrer Kolleginnen aus der Legebatterie.

Gesättigte Fettsäuren

Diese Fettsäuren sind nicht essentiell, also nicht lebensnotwendig, denn sie können im Körper selbst gebildet werden. Hauptsächlich stecken sie in tierischen Produkten wie Wurst, Käse und Butter, aber auch in manchen pflanzlichen Fetten wie Kokosfett sind sie enthalten. Erkennen kann man sie daran, dass sie bei Zimmertemperatur fest sind. Aufgrund veränderter Essgewohnheiten nehmen wir heute ungefähr doppelt so viel Fett mit gesättigten Fettsäuren zu uns wie unsere Vorfahren in der Steinzeit. Mit der Konsequenz, dass unser Blutfettspiegel steigt und die Gefäße geschädigt werden.

Wenn wir nun wissen, welche Fette dem Körper gut tun, heißt das aber noch lange nicht, dass wir bei diesen Fetten hemmungslos zugreifen können und jetzt pausenlos Studentenfutter essen sollten, denn auch die haben reichlich Kalorien. Außerdem gibt es noch eine vierte, wirklich heimtückische Gruppe von Fetten. Gemeint sind die versteckten Fette.

Versteckte Fette

Sie lauern überall und besonders gerne in den Nahrungsmitteln, die uns aus der leckeren Hausmannskost vertraut sind oder die als Snack angeboten werden. Hauptquelle des Übels sind dementsprechend die versteckten Fette in Milchprodukten und Wurst ebenso wie pflanzliche Fette, die sich in Pommes frites, Chips, Keksen und Kuchen verbergen. Erschwerend kommt hinzu, dass in diesen Nahrungsmitteln meist nur die minderwertigen Fette, also die gesättigten Fettsäuren, auftauchen. Hochwertige, sprich ungesättigte, Fettsäuren finden sich dagegen selten.

gesättigte Fettsäuren	ungesättigte Fettsäuren	mehrfach ungesättigte Fettsäuren
	kommen vor in:	
Butter	Erdnussöl	Walnussöl
Margarine	Olivenöl	Leinöl
Kokosfett	Rapsöl	Maisöl
Schmalz	Rüböl	Sesamöl
Sahne		Distelöl
Joghurt		Sonnenblumenöl
Milch/Käse		Sojaöl
Fleisch/Wurst		Makrele
Fertigprodukte		Thunfisch
		Hering

Versteckte Fette und ihre Alternativen

Fette – Öle – Saucen

Gesamtfett in g pro 100 g Lebensmittel

Offensichtlich eine fette Angelegenheit		Vorsicht! Versteckte Fette!		fettärmere Alternativen	
Butter	83,0	Diätmargarine	80,0	Halbfettmargarine	40,0
Sahne, 30 %	31,7	Crème fraîche, 40 %	40,0	Saure Sahne, 10 %	10,0
Mayonnaise, 80 %	81,6	Salatmayonnaise, 50 %	50,8	Salatcreme, 37 %	39,5

Milch- und Käseprodukte

Gesamtfett in g pro 100 g Lebensmittel

Offensichtlich eine fette Angelegenheit		**Vorsicht! Versteckte Fette!**		**fettärmere Alternativen**	
H-Milch, 3,5 %	3,5	Rohmilch, past.	3,8	H-Milch, 1,5 %	1,5
Rahmfrischkäse, 50 %	20,3	Doppelrahmfrischkäse, 60 %	28,0	Frischkäsecreme, mager	1,0
Doppelrahmfrischkäse, 70 %	29,0	Mascarpone	47,5	Speisequark, mager	0,2
Feta, 45 %	18,8	Mozzarella	19,8	Ziegenkäse, 30 %	14,5
Hobelkäse, 50 %	39,0	Reibekäse, 45 %	30,0	Parmesan, 32 %	22,5
Appenzeller, 50 %	31,6	Bavaria Blue, 70 %	40,0	Bleu de Bresse, 50 %	29,6
Butterkäse, 45 %	23,5	Roquefort, 50 %	32,0	Camembert, 30 %	12,8
Bresso, 70 %	40,5	Romadur, 60 %	34,7	Limburger, 20 %	9,0

Fleisch- und Wurstwaren

Gesamtfett in g pro 100 g Lebensmittel

Offensichtlich eine fette Angelegenheit		Vorsicht! Versteckte Fette!		fettärmere Alternativen	
Schweinebauchfleisch	21,1	Schweinsbug	22,5	Schweinelende	2,0
Hackfleisch, Schwein	22,5	Mett, Schwein	27,5	Hackfleisch, Rind	14,0
Eisbein	12,2	Kasseler	17,0	Kalbsbraten	3,1
Lammkeule	18,0	Lammbrust	37,0	Lammschnitzel	6,1
Fette Brühe, Instant	26,5	Fleischbrühe, Instant	40,0	Gekörnte Brühe, Instant	0,2
Blutwurst	29,0	Fleischwurst	28,5	Schinken, gekocht, ohne Fettrand	2,9
Mortadella	32,8	Cervelatwurst	34,8	Geflügelmortadella	15,0
Currywurst	28,0	Kabanossi	34,0	Wiener Würstchen, fettreduziert	15,0
Salami	33,0	Salami, fettreduziert	24,0	Rindssalami	16,0
Krakauer	23,0	Schweinsbratwurst	28,8	Geflügelwurst, mager	4,8
Leberwurst, grob	29,2	Mettwurst	33,0	Bündner Fleisch	6,0

Offensichtlich eine fette Angelegenheit		Vorsicht! Versteckte Fette!		fettärmere Alternativen	
Gans	31,0	Flugente	17,0	Puter, jung	6,0
Brathähnchen	9,6	Hähnchenkeule mit Haut	11,2	Hähnchenbrust ohne Haut	1,0

Fische und Meeresfrüchte

Gesamtfett in g pro 100 g Lebensmittel

Offensichtlich eine fette Angelegenheit		Vorsicht! Versteckte Fette!		fettärmere Alternativen	
Hering	17,8	Matjeshering	2,6	Flunder	0,7
Lachs	13,6	Flussaal	24,5	Kabeljau	0,4
Makrele	11,6	Schillerlocken	24,1	Seelachs	0,8
Lachs in Öl	22,8	Aal, geräuchert	28,6	Flussbarsch	0,8
Ölsardine	13,0	Salzhering	15,4	Hecht	0,9
Thunfisch in Öl	20,9	Kaviar, echter, russischer	15,5	Zander	0,7

Kuchen und Gebäck

Gesamtfett in g pro 100 g Lebensmittel

Offensichtlich eine fette Angelegenheit		Vorsicht! Versteckte Fette!		fettärmere Alternativen	
Butterkuchen	16,8	Nusskuchen	29,1	Apfelkuchen, Hefeteig	3,0

Offensichtlich eine fette Angelegenheit		Vorsicht! Versteckte Fette!		fettärmere Alternativen	
Donauwellen	16,0	Doppelkeks mit Schokofüllung	24,0	Löffelbiskuit	6,0
Buttercremetorte	20,0	Ferrero Rocher	40,0	Käsekuchen (TK)	8,0
Croissant	25,0	Croissant mit Schokolade	28,0	Vollkornbrötchen	2,0
Chips	40,0	Käsegebäck, Blätterteig	32,0	Salzstangen	3,0
Käsesahnetorte	12,0	Käsekuchen	17,0	Obstkuchen, Biskuit	2,0

Und? Was landete bei Ihnen bisher bevorzugt im Einkaufswagen – die fettreichen oder die fettarmen Lebensmittel? Und bei wie vielen Lebensmitteln haben Sie mit Schrecken festgestellt, dass sie viel mehr Fett enthalten, als Sie dachten?

Setzen Sie sich hin und schreiben Sie einmal die besagten Lebensmittel auf. Zählen Sie das in ihnen enthaltene Fett zusammen und vergleichen Sie diese Fettmenge mit der empfohlenen Tagesdosis. Schnell werden Sie merken, dass Sie mit solchen fettreichen Nahrungsmitteln eigentlich kaum etwas essen dürfen – mit anderen dagegen können Sie trotz der Fettreduzierung satt werden.

Gesättigte Fettsäuren senken + mehr ungesättigte Fettsäuren verwenden + Kohlenhydratmuster verbessern = mehr Leistung und Gesundheit

Gesättigte Fettsäuren zu senken bedeutet dabei nichts anderes, als seine Ernährung auf fettarme Milchprodukte, fettarme Fleisch- und Wurstsorten wie zum Beispiel Pute und Schinken und fettarme Saucen wie Tomaten- und Gemüsesaucen als Alternative zu mit Sahne gebundener oder mit Butter verfeinerter Bratensoße umzustellen.

Mehr ungesättigte Fettsäuren gehören in Form von Raps- oder Olivenöl und Meeresfisch auf den wöchentlichen Speiseplan. Auch Obst sollte nicht die Ausnahme sein, sondern eine feste Größe in der Nahrungsaufnahme bilden, ebenso wie mehr Nudeln, Reis und Vollkornbrot verspeist werden sollten. Hält man sich an dieses Muster, sind wichtige Schritte zur gesunden Ernährung bereits getan.

Ballaststoffe

Ballaststoffe sind unverdauliche Bestandteile pflanzlicher Nahrungsmittel wie Fasern, Gerüstsubstanzen, Schalen und Zellwände, die in ungeschältem Reis, Vollkornpro-

Besser als ein zuckerhaltiges Fertigmüsli ist die eigene Mischung aus Haferflocken, Nüssen und Trockenobst.

dukten, Obst und Gemüse vorkommen. Zunächst eher uninteressant, leisten sie doch Erstaunliches:

- Ballaststoffe regen die Darmtätigkeit an, können so Verstopfung vorbeugen und wirken sich insgesamt kräftigend auf die körpereigene gesunde Darmflora aus.
- Ballaststoffe wirken sich zudem auch günstig auf den Blutzuckerspiegel aus, indem sie dafür sorgen, dass er nur langsam ansteigt.

- Ballaststoffe können Darmkrebs vorbeugen, indem sie die Transportzeit von Nahrungsresten im Darm verkürzen, so dass auch Krebs erregende Substanzen kürzer mit der Darmwand in Berührung kommen.
- Ballaststoffe senken den Cholesterinspiegel.
- Das Sättigungsgefühl hält länger an, Heißhungerattacken bleiben deshalb aus, insgesamt werden weniger Kalorien verspeist.

Sie sind also richtige Alleskönner, und der Griff zu Vollkornbrot, Müsli, Vollkornreis und Vollkornnudeln sowie zu Hülsenfrüchten, Obst und Gemüse sollte dadurch noch leichter fallen. Am besten beginnen Sie jedoch behutsam mit der Umstellung auf ballaststoffreiche Ernährung: Körper, die daran nicht gewöhnt sind, reagieren bisweilen mit unangenehmen Blähungen. Beginnen Sie also nicht gleich mit dem vollen Programm, sondern stellen Sie behutsam, aber beständig Ihre Ernährung um.

Falls Ihnen das Wort »Blähungen« jetzt schon wieder die Ballaststoffe madig gemacht hat, sollten Sie wissen, dass ballaststoffreiche Nahrungsmittel ebenfalls in größeren Mengen Vitamine, sekundäre Pflanzenstoffe und Zellschutzfaktoren enthalten.

Sekundäre Pflanzenstoffe, Vitamine und Zellschutzfaktoren

Der Vitaminforschung wird schon länger große Aufmerksamkeit gewidmet. Das Wort »vita« = Leben zeigt schon, dass Vitamine lebensnotwendig sind. Vitamine liefern zwar weder Energie noch sind sie Bausteine von Geweben oder Organen, dennoch wären ohne Vitamine viele Körperfunktionen nicht möglich. Sie steuern lebenswichtige Abläufe im Körper und haben eindeutig Einfluss auf die Krebsvorsorge. Man unterscheidet zwischen fettlöslichen (Beta-Carotin, Vitamin D, A, E, K) und wasserlöslichen (Vitamin C, B_{12}, B_1, B_6, B_2, Folat, Niacin, Biotin) Vitaminen.

Beta-Carotin, eine Vorstufe von Vitamin A, schützt vor Tumoren an Lunge, Prostata, Harnblase, Mundhöhle, Speiseröhre und Magen. Karotinoide und Vitamin A besitzen zudem Schutzwirkungen gegenüber Zellen, Vitamin A stärkt direkt das Immunsystem.

Auch treten bei Vitamin-C-reicher Nahrung Mund-, Speiseröhren-, Magen- und Darmkrebs seltener auf. Vitamin C beziehungsweise Ascorbinsäure ist zudem an wichtigen Abläufen in der Zelle beteiligt, hilft, Giftstoffe abzubauen, und ist als Antioxidans ebenso wie Vitamin A und Beta-Carotin wirksam gegen Freie Radikale (s. S. 66f.). Die ausreichende Versorgung von Vitamin E verhindert die Entstehung von gesundheitsschädlichen Peroxiden und hat seine größte Bedeutung als Oxidationsschutzstoff für ungesättigte Fettsäuren. Zudem schützt es vor Lungen-, Magen- und Darmkrebs und vor Vergiftungen der Zellen.

Während die Vitamine schon eingehend erforscht sind, hinkt die Forschung bei den sekundären Pflanzenstoffen deutlich hinterher. Sie gelten als semi-essentiell, also halb lebensnotwendig. Mengenempfehlungen können derzeit jedoch noch nicht gemacht werden. Die so genannten sekundären Pflanzenstoffe, zu denen beispielsweise der rote und gelbe Farbstoff von Paprika, Möhre, Tomate, Aprikose und Rotkohl ebenso gehören wie die scharfen Geruchsstoffe von Knoblauch, Zwiebel, Porree oder Schnittlauch, sind – so viel kann man mittlerweile sagen – eine richtige Anti-Krebs-Truppe. Zudem wirken sie entzündungshemmend, antimikrobiell, immunstärkend, den Cholesterinspiegel senkend und das Herz-Kreislauf-System stabilisierend.

Einer Harvard-Studie zufolge reduziert sich das KHK-Risiko, also das Risiko, eine koronare Herz-Krankheit zu bekommen, um 23 % bei denjenigen, die täglich zwei bis drei Portionen Gemüse essen. Bestätigt wurde dieses Ergebnis durch eine Langzeitstudie über zwölf Jahre an 15 220 amerikanischen Ärzten zwischen 40 und 84 Jahren. Mit der Höhe des Gemüsekonsums reduzierte sich auch hier das KHK-Risiko.

Zellschutzfaktoren auf einen Blick

Natürlich führen Obst, Gemüse und Salat in Bezug auf die Nährstoffversorgung mit Vitaminen und Mineralien zu einer deutlichen Verbesserung. Groß ist ebenfalls ihre Wirkung als Zellschutzfaktor – aber was ist das eigentlich?

Zellschutzfaktoren sorgen sowohl für eine höhere Belastbarkeit der Muskulatur, der Sehnen und Bänder als auch für ein stabiles Immunsystem. Sie sind aber auch für schnellere Heilungsprozesse nach Verletzungen und eine beschleunigte Erholung nach Infekten verantwortlich.

Die Ernährungsempfehlung von fünf Portionen Obst und Gemüse täglich, die die »Deutsche Gesellschaft für Ernährung« (DGE) herausgegeben hat, können Sie nun sicher teilen.

Bestimmt sind bereits viele von Ihnen Obst-Liebhaber: Auf Kuchen, im Eis und in der Marmelade werden

Als Anhaltspunkt gilt:

Eine Handvoll ist die richtige Menge für rohes, unzerkleinertes Gemüse und getrocknete Hülsenfrüchte wie Erbsen oder Linsen.
Für Erdbeeren, Himbeeren oder Heidelbeeren und geputztes, zerkleinertes Gemüse gelten zwei Hände voll als Portion.

die Vitamin-Bomben hoch geschätzt. Aber pur und dann auch noch fünf Portionen? Und wie viel ist überhaupt eine Portion Obst? Dafür bedarf es weder einer Küchenwaage noch eines Riesenmagens. Die idealen fünf Portionen lassen sich mit den Händen abmessen und bedeuten nicht, dass man ganze Schüsseln leer essen muss.

Wertvolle Tipps zum Obst- und Gemüsekonsum

- Eine Portion Obst oder Gemüse pur, als Milchmixgetränk, mit Kräuterdip oder vermischt mit Joghurt oder Kefir lässt sich gut zu Hause oder im Büro, zwischendurch oder als Nachtisch essen.
- Zu fast jeder Brotmahlzeit passt etwas Frisches, zum Beispiel Gurken, Radieschen, Tomaten oder Birnen zu herzhaften Broten, Erdbeeren, Bananen oder Orangen zu etwas Süßem.
- Bei Gemüsemuffeln ist der Griff in die Trickkiste hilfreich: Gekochtes Gemüse lässt sich zerkleinert oder püriert in Soßen, Suppen, Eintöpfen, einer Reispfanne oder Milchmixgetränken prima verstecken. Ebenso verhält es sich mit püriertem Obst im Natur-Joghurt, gefroren in der Eisform oder als Soße zum Nachtisch.
- Meistens ist es besonders problematisch, Kinder zum Obst- und Gemüseessen zu bewegen. Hier helfen Ausstechformen, mit deren Hilfe ein Apfel nicht mehr nach Apfel, sondern viel spannender aussehen kann.
- Immer wenn ein Obst- und Gemüseteller auf dem Tisch

steht, greift man automatisch häufiger zu. Damit Äpfel nicht so schnell braun werden, können Sie sie auch prima mit etwas Zitronensaft beträufeln.

- Vergessen Sie bei Gemüse und Obst nicht das Fett. Der Stich Butter am Gemüse und das Öl am Salat schmecken nicht nur, sondern helfen dem Körper auch, die fettlöslichen Vitamine überhaupt aufzunehmen.

Beispiel für einen Tag mit fünf Portionen Obst oder Gemüse

Frühstück :	Ein Apfel ins Müsli oder ein Glas Apfelsaft zum Brot.
2. Frühstück:	Brot mit Radieschen, Gurkenscheiben, Tomate, Kohlrabistreifen oder Obst (z. B. eine Birne) – pur oder mit Joghurt.
Mittagessen:	Frischer Salat aus der Region oder eine Portion Brokkoli zu Kartoffeln und Fleisch oder Fisch, zum Nachtisch Erdbeeren mit Joghurt.
Am Nachmittag:	Ein Glas Gemüsesaft oder eine Karotte zum Knabbern oder Obst.
Abendessen:	Brot mit Kräuterquark und Tomatensalat, dazu noch ein paar Scheiben Rote Beete. Einfach lecker!

Führen Sie ein Früchte-Tagebuch!
Kopieren Sie sich die nebenstehende Tabelle ruhig mehrfach ab und tragen Sie dort Ihren Obst- und Gemüsekonsum ein.

Immer, wenn Sie eine Woche lang den neuen Essgewohnheiten treu geblieben sind und jeden Tag fünf Portionen Obst und Gemüse gegessen haben, können Sie sich eine Belohnung gönnen! Das kann ein tolles Duschgel sein oder eine neue Creme – sicher wissen Sie am besten, über was Sie sich freuen würden. Übrigens: Sie müssen die Obst- oder Gemüse-Portionen nicht zwingend gleichmäßig über den ganzen Tag verteilt essen – Sie können beispielsweise auch zum Abendessen zwei Portionen verputzen und dafür beim Snack mal gar kein Grünzeug essen. Minimum sollten aber drei Portionen am Tag sein.

Mineralstoffe und Spurenelemente

Mineralstoffe und Spurenelemente sind lebenswichtig, die ausreichende Versorgung des Körpers mit Mineralien wie Kalzium, Kalium, Magnesium und Natrium sowie den Spurenelementen Eisen, Fluor, Jod, Kupfer, Selen und Zink unentbehrlich. Sie arbeiten im Körper als wichtige Botenstoffe und Transmitter und sind zuständig für die Erregbarkeit von Muskeln und Nerven, für die Bildung

Früchte-Tagebuch	**Montag**	**Dienstag**	**Mittwoch**	**Donnerstag**	**Freitag**	**Samstag**	**Sonntag**
Frühstück							
Pausensnack							
Mittagessen							
Nachmittagsnack							
Abendessen							
Vor dem Fernseher							

Mindestens zwei bis drei Liter Flüssigkeit am Tag sollten es schon sein, am besten Wasser.

von Blut und Hormonen oder für den Aufbau und Erhalt der Knochen.

Auch gegen Krebs sind sie eine gute Waffe: So wird die Entstehung von Dickdarmkrebs durch eine kalziumreiche Ernährung gebremst.

Getränke

Unser Körper besteht zu 60–70 % aus Wasser. Wasser ist somit für uns lebensnotwendig. Nur wenn unser Körper über genügend Wasser verfügt, können alle notwendigen Prozesse reibungslos ablaufen – angefangen von der Fließeigenschaft des Blutes über den Abtransport von Keimen über die Harnwege bis hin zur Temperaturregulation unserer drei Millionen Schweißdrüsen, um nur drei lebensnotwendige Abläufe zu nennen.

Auch ohne größere Anstrengung verlieren wir täglich mehrere Liter Wasser. Wussten Sie, dass es allein nachts 2 Liter sein können, die wir über die Atmung und den Schweiß absondern? Aber anstatt die verlorene Flüssigkeit am nächsten Morgen durch Wasserzufuhr auszugleichen, gibt es eine Tasse Kaffee. Dabei wird vergessen, dass Kaffee, schwarzer und auch grüner Tee regelrechte Wasserdiebe sind. Koffein regt ebenso wie Alkohol die Nieren verstärkt zur Ausscheidung an. Im Ergebnis bleibt zu wenig Flüssigkeit im Körper, die Bilanz ist negativ. So ist man also wieder bei null und kann sich merken: Alkohol, Kaffee und Schwarztee oder grüner Tee fallen bei der Flüssigkeitsbilanz nicht ins Gewicht. Nach dem morgendlichen Kaffee ist der Durst zwar weg, das Flüssigkeitsdefizit aber genauso groß wie zuvor.

Und denken Sie daran: Wenn Sie Durst verspüren, ist es eigentlich schon zu spät, denn unser Körper leidet dann bereits längere Zeit unter Flüssigkeitsmangel. Auch ohne Durst sollte daher immer wieder etwas getrunken werden. Denn ohne sportliche Aktivität braucht Ihr Körper schon 3 Liter Flüssigkeit pro Tag. Nur dann können alle Organe mit den lebensnotwendigen Mineralstoffen, Vitaminen und Spurenelementen versorgt werden, nur dann ist das Blut dünnflüssig, nur dann funktioniert unsere Verdauung. Oftmals rühren auch Kopfschmerzen, Schwindelgefühle und Konzentrationsprobleme vom Flüssigkeitsmangel her – der Gang zur Kaffeemaschine ist dann genau das Falsche.

Über unsere Nahrung nehmen wir etwa 1 Liter Flüssigkeit auf, so dass immer noch etwa 2 Liter fehlen. Und die meisten Menschen trinken viel zu wenig. Dabei ist gerade Wasser der beste Durstlöscher. Denn viele andere Getränke können es in sich haben – und wer jetzt an einen heimtückischen Cocktail denkt, hat nur zum Teil Recht. Die Rede ist hier weniger von einem gut gemixten »Sex on the Beach«, sondern vielmehr von Erfrischungsgetränken der nicht alkoholischen Art: Limonaden, Säften und ihrem Kaloriengehalt.

Hier lohnt es sich ausnahmsweise wirklich, einen Blick auf die Kalorien-Tabelle nebenan zu werfen.

Zuerst aber sollten Sie sich überlegen, was Sie an einem Tag durchschnittlich alles trinken.

Notieren Sie sich einmal ausführlich, was Sie gestern getrunken haben – und besonders beim Zucker für den Kaffee und beim Alkohol sollten Sie ganz genau sein. Addieren Sie anschließend anhand der Tabelle die getrunkenen

Kalorien und überlegen Sie sich einmal, ob es bei Ihrem Vorhaben nicht sinnvoll wäre, häufiger zu Wasser und ungezuckertem Kräutertee zu greifen.

Insgesamt ist es also äußerst ratsam, sein Trinkverhalten zu überdenken und statt der fünften Tasse Kaffee doch mal eine Saftschorle, einen Früchte- oder Kräuter-

Kaloriengehalt verschiedener Getränke

Getränke	**kcal pro 100 ml**
Wasser	0
Tee	0
Buttermilch	37
Kakaotrunk, 3,5 %	78
Milch, 3,5 %	64
Milch, 1,5 %	47
Kefir, Frucht, 1,5 %	81
Apfelsaft, naturtrüb	48
Orangensaft	39
Cola	58
Limonade	49
Traubensaft	65

Getränke	**kcal pro 100 ml**
Grapefruitsaft	41
Grapefruitsaft, Diät	26
Gemüsesaft	15
Sekt, trocken	75
Sekt, lieblich	108
Rotwein, trocken	80
Weißwein, trocken	89
Pils, hell	42
Doppelbockbier	55
Federweißer	80
Bier, alkoholarm	26
Malzbier	54

tee oder einfach ein Glas Wasser zu trinken. Schlechte Durstlöscher sind neben Kaffee und Schwarztee auch Limonaden, Fruchtnektar, grüner Tee und alkoholhaltige Getränke. Wollen Sie sich kalorienbewusst ernähren, sollten Sie auch pure Säfte nicht zum Durstlöschen, sondern zum Genuss trinken, da sie mit einem relativ hohen Kaloriengehalt zu Buche schlagen.

Tipps für einen ausgeglichenen Wasserhaushalt

Kochen Sie sich lieber von nun an jeden Morgen eine Kanne Kräutertee und trinken Sie diesen im Lauf des Tages. Nehmen Sie öfter Flüssigkeit in Nahrungsmittelform auf: Eine Wassermelone im Sommer ist köstlich und erfrischt, ein Shake ist sättigend und hilft, unseren Wasserhaushalt weiter ins Plus zu bringen.

Wenn Ihnen Mineralwasser zu fad ist, dann geben Sie einen Spritzer Zitronensaft hinein und gewöhnen Sie sich an, zu jeder Tasse Kaffee ein Glas Wasser zu trinken.

Was gesund ist, ist uns zudem auch bei unserem Vorhaben »Gewichtsreduktion« äußerst hilfreich, denn zwei große Gläser Wasser zum Essen wirken sich sättigend aus und helfen uns dabei, langsamer und dadurch weni-

Trink-Tagebuch	Montag	Dienstag	Mittwoch	Donners-tag	Freitag	Samstag	Sonntag
morgens							
zwischendurch							
mittags (Urin klar?)							
zwischendurch							
abends							
nach dem Abendessen							
Trinkmenge insgesamt							
Kalorien insgesamt (s. Tabelle S. 149)							

ger zu essen. Hinzu kommt, dass nur mit ausreichender Flüssigkeitszufuhr die Schlackenstoffe, die bei einer Diät anfallen, einfach und problemlos abtransportiert werden können. Notieren Sie sich eine Woche lang, was und wie viel Sie an Flüssigkeit zu sich nehmen! Ob Sie auf dem richtigen Weg sind, erkennen Sie daran, dass zur Mittagszeit Ihr Urin bereits klar sein sollte.

Ernährungssünden

Generelle Verbote gibt es bei mir nicht. Sie müssen also keine Angst davor haben, nie wieder Eiscreme essen zu dürfen oder gerade eben den letzten Kuchen Ihres Lebens genossen zu haben. Das hält kein Mensch durch, und ewiger Verzicht würde daher unweigerlich zu Frust führen. Aber unsere Ernährung muss umgestellt werden, denn wir leben mit fünf Ernährungsfehlern:

Wir essen ...
... zu viel,
... zu fett,
... zu viel Zucker,
... zu einseitig,
... zu wenig Vitamine und Ballaststoffe.

Eine dauerhaft schlanke Figur wird am ehesten mit einer ausgewogenen und energiereduzierten Mischkost erreicht. Diese ist reich an hochwertigen Kohlenhydraten, moderat beim Eiweiß und geizig beim Fett. Das bedeutet verkürzt gesagt: viel Obst, Gemüse und Vollkornprodukte, Fleisch und Wurst maximal dreimal pro Woche, Fisch dagegen mindestens einmal, fettreduzierte Milchprodukte täglich.

Wenn der Schweinehund mal wieder zupackt ...

Aber wenn's doch so gut schmeckt ...

Klar ist Fett ein prima Geschmacksträger. Nicht umsonst schmecken den meisten Menschen gerade fetthaltige Speisen besonders gut. Aber erstens gibt es auch viele Möglichkeiten, gut und fettarm zu essen, zweitens sollten Sie sich schon entscheiden, was Sie wollen: Weiter unzufrieden, schlapp und übergewichtig sein – oder fit, gesund und zufrieden.

Fetthaltige Nahrungsmittel

Wir essen viel zu fett – das haben Sie nun schon häufiger gehört. Man kann aber nicht oft genug darauf hinweisen, denn die Entwicklung zeigt in eine bedenkliche Richtung.

Fast-Food boomt und damit Fettanteile um die 48 %. Viel zu viel – darüber sind sich alle Ernährungsexperten einig. Weder ist es gesund, noch macht es langfristig satt; und teuer ist es auch. Dennoch hat sich die Zahl der McDonald's-Filialen in den letzten 25 Jahren vervierzigfacht.

Kleine Tipps zum täglichen Fett-Sparen

Übergewichtige nehmen mindestens 40 % ihrer täglichen Energiemenge in Form von Fett zu sich. Viel besser wären etwa 30 %. Dicke essen also fetter als andere – und das muss anders werden.

Die Amerikanisierung unserer Essgewohnheiten schlägt natürlich zu Buche. Gerade in Big Mäc, Fisch Mäc, Chicken McNuggets und Cheeseburger stecken Fett-Fallen, in die wir nur allzu gerne tappen. Aber auch in den folgenden Nahrungsmitteln lauert das geballte Fett:

1 Frikadelle	15 g Fett	=	3 TL
1 Paar Wiener	20 g Fett	=	4 TL
1 gekochtes Ei	7 g Fett	=	1 TL
1 St. Marmorkuchen	12 g Fett	=	2 TL
1 Rocher-Kugel	5 g Fett	=	1 TL
1 Rollmops	20 g Fett	=	4 TL
100 g Chips	40 g Fett	=	8 TL

Und auch die TOP TEN 2000 – die beliebtesten Mittagessen in deutschen Kantinen – zeigen uns kein besseres Bild:

Platz 1: ungeschlagen ist die Currywurst mit Pommes mit 40,1 g Fett

Platz 2: belegt Spaghetti Bolognese: 14 g Fett

Platz 3: paniertes Fischfilet mit Kräutersauce: 20 g Fett

Platz 4: Rostbratwürstchen »Nürnberger Art« mit Sauerkraut und Kartoffelpüree: 47 g Fett

Platz 5: Schwäbisches Linsengericht: 5 g Fett

Platz 6: Gratinierte Schlemmer-Hähnchenpfanne: 37 g Fett

Platz 7: Rinderroulade in Soße mit Knödeln und Rotkraut: 37 g Fett

Platz 8: Käsemakkaroni in Hackfleischsauce: 35 g Fett

Platz 9: Chicken McNuggets mit Pommes: 36 g Fett

Platz 10: Hähnchenbrust überbacken mit Pommes und Salat: 38 g Fett

Aber nicht nur in der Kantine sollten Sie in Zukunft zweimal hinschauen, auch zu Hause ist es notwendig, beim Fett den »Sparfuchs« in sich zu wecken.

Salat ist gesund und schmeckt auch, wenn man auf fette Mayonnaise verzichtet.

- Sicher haben auch Sie zu Hause das berühmte Fach oder die berüchtigte Schublade im Wohnzimmer, wo Schokoladentafeln und Knabbereien aufbewahrt werden. Nutzen Sie diese Vorratsecke für etwas Sinnvolleres, denn alles Süße, was Sie so zu Hause horten, wird eher zu früh als zu spät gegessen und treibt die Anzeige auf der Waage nach oben.
- Gewöhnen Sie sich an, Ihr Essen viel öfter als bisher zu dämpfen, das heißt über Dampf zu garen. Diese fettfreie Garmethode ist kalorienarm und schützt die Vitamine. Sie ist also überaus gesund. Ein Dampfdrucktopf

leistet hierbei gute Dienste, und Ihre Mahlzeiten sind noch dazu viel schneller fertig. Auch Dämpfgitter oder Bambuseinsätze für Ihren Topf sind geeignet. Ebenso sind Dünsten, das Garen in Folie und Grillen Methoden, bei denen viel Fett eingespart werden kann.

- Salat zu essen ist eigentlich prima, wenn da nicht die Dressings wären, die oft mit enormen Fettgehalten zu Buche schlagen. Verlängern Sie daher Dressings mit Gemüsebrühe, Senf, passenden Säften oder fettarmem Joghurt und sparen Sie nicht an den Kräutern. Sämiger werden Dressings auch, wenn Sie eine zerdrückte Kartoffel hineingeben. Dafür können Sie dann auf Mayonnaise und Sahne verzichten.
- Der ideale Pausensnack ist frisches Obst wie Ananas, Apfel, Papaya, Kiwi oder Melone – je nach Saison. Die Früchte sind nicht nur gesund, fettfrei und bekömmlich, sie helfen durch ihre Enzyme auch bei der Eiweißverdauung.
- Pasta ist nicht gleich Pasta: Vermeiden Sie Sahne- und Käsesaucen wie Carbonara, Gorgonzola oder auch Lasagne al forno. Greifen Sie lieber zu Spaghetti al'Arrabiata, Primavera und zur einfachen, gut gewürzten Tomatensauce.
- Müsli ist eine gute und gesunde Grundlage für den Tag. Allerdings enthält Nussmüsli doppelt so viele Fett-Kalorien wie Früchtemüsli. Achten Sie deshalb auf die Zutaten.

- Es lohnt sich, beim Einkaufen nicht so sehr auf den Cent zu gucken, denn die feinsten Dinge sind sehr oft auch die fettärmsten: Bio-Rinderfilet und -Geflügelbrust, Wild und frischer Fisch sind oftmals etwas teurer, dafür aber bekömmlicher und fettärmer.
- Essen Sie auch am Arbeitsplatz nicht nebenher, sondern nehmen Sie sich Zeit zum Essen.
- Gehen Sie immer mit Einkaufszettel einkaufen und niemals hungrig. Und wenn Sie im Supermarkt sind: Umfahren Sie die »gefährlichen Regionen« wie die Süßwaren- und Knabberabteilung möglichst weiträumig. Denken Sie daran: Pro nicht gekaufter Tüte Chips sparen Sie 60 g Fett.
- Messen Sie das Bratfett niemals nach Augenmaß ab, sondern mit dem Löffel. Wer beim Kochen nur 1 EL weniger nimmt, kann damit bereits 80 kcal und somit 9 g Fett sparen. Als Faustregel gilt: 1 EL Öl sind etwa 9 g, 1 TL Butter etwa 4 g.
- Verzichten Sie auf den alkoholischen Aperitif. Alkohol regt den Appetit an und hemmt den Fettabbau.
- Essen Sie häufiger die fettarmen Fische wie Hecht, Barsch, Flunder, Kabeljau, Lotte, Schellfisch, Scholle, Seelachs und Zander und nicht so oft Hering, Thunfisch, Sprotten, Makrele und Lachs. Dennoch: Auch die fetteren Fische gehören auf den Speiseplan, enthalten Sie doch die lebenswichtigen Omega-3-Fettsäuren (s. S. 127 f.).

- Fettfalle »Fingerfood«: Bei den kleinen Häppchen verliert man rasch den Überblick darüber, was man so alles schon gefuttert hat. Hinzu kommt, dass die meisten Häppchen auch nicht durch fettreduzierte Zubereitung glänzen.
- Wenn Sie schon frittieren, dann lassen Sie das Frittiergut wenigstens auf Küchenkrepp abtropfen, bevor Sie es auf den Teller geben.
- Lagern Sie Butter nicht im Kühlschrank. Streichfähige Butter können Sie nämlich viel dünner aufs Brot streichen als die noch ganz harte.
- Sie brauchen ganz dringend einen pikanten oder süßen Snack? Dann knabbern Sie asiatisch mit Reisgebäck oder greifen Sie zu Grissinis und Weingummis. Das ist in jedem Fall besser als Chips und Schokolade.
- Specken Sie Ihre Stulle ab! Statt Butter geht auch mal Senf, Tomatenmark oder Paprikapaste. Beim Marmeladenbrot können Sie ebenso gut zu Magerquark greifen. Fettreduzierter Frischkäse passt auch immer.
- Wenn Sie sowieso schon zu tief ins Glas geschaut und damit bereits einige Kalorien zu sich genommen haben, gesellt sich gerne auch noch die Kochlust dazu. Besser als angetrunken den Kochlöffel zu schwingen ist allerdings, erst einmal reichlich kaltes Wasser zu trinken, was zudem auch vor dem Austrocknen durch Alkohol schützt, und etwas Brot und saure Gurken zu essen.

- Gehen Sie statt zum Griechen öfter mal zum Japaner essen. Eine Sushi-Mahlzeit enthält nur etwa 500 kcal und 5–10 g Fett, die griechische Grillplatte dagegen schlägt mit 1200 kcal und 35 g Fett auf die Hüften.
- Wenn vor dem Fernseher die Lust auf Süßes kommt: Sparen Sie einfach 200 kcal, indem Sie auf vier Pralinen, ein Bounty, vier Mon Chéri, zwei Handvoll Erdnussflips oder Chips verzichten. Wer täglich 200 kcal spart, tut schon einiges gegen die schleichende Gewichtszunahme.
- Wasser ist ein Alleskönner: Trinken Sie auf Partys mindestens doppelt so viel Wasser wie Alkohol. Es sättigt, spart Kalorien, und Sie behalten einen klaren Kopf. Trinken Sie auch vor dem Fernseher schlückchenweise, aber beständig. Das lenkt von anderen Knabbereien ab, macht satt und hält fit.
- Die beliebten Fettfallen Gratins und Aufläufe können Sie entschärfen, indem Sie die Käsemenge halbieren und die Hälfte durch Semmelbrösel ersetzen. So wird die Kruste schön knusprig, und Sie sparen pro Portion etwa 10 g Fett.
- Ob zu Hause oder im Restaurant: Achten Sie auf die Beilagen! Völlig in Ordnung sind Pellkartoffeln, Reis und Nudeln. Bratkartoffeln, Pommes frites, Rösti und Gratin sollten eher die Ausnahme als dic Regel sein.
- Gehen Sie niemals total ausgehungert in ein Restaurant, sonst schlagen Sie direkt beim angebotenen Weiß-

brot mit Kräuterbutter, Knoblauchmayonnaise oder Olivenöl zu und übersehen dabei, dass eine Schnitte satte 80 kcal und 3 g Fett enthält.

- Auch viele Saucen sind gefährlich: Sauce Hollandaise und Sauce Bernaise sind die reinsten Butterbomben, und Pesto ist zwar mit Olivenöl gemacht, dennoch schlägt es auf die Fettwaage.

Zucker

Lassen Sie mich mit einem kleinen Gedankenspiel beginnen:

Stellen Sie sich vor, Sie hätten von Ihrem Hausarzt ein Medikament gegen Verstimmung verschrieben bekommen. Gerade sind Sie nun von der Apotheke nach Hause gekommen und lesen den Beipackzettel ... Aber was müssen Sie da studieren?

An Nebenwirkungen sind bekannt geworden:

- Zahnverfall von frühester Kindheit an
- Bauchschmerzen (Magen-/Darmbeschwerden), Übelkeit, Erbrechen
- Verstopfung, Darmpilzbefall (Candida), Kopfschmerzen

Bei längerer Einnahme sind erwiesen:

- Übergewicht, Bluthochdruck, Zuckerkrankheit (Diabetes)

In diesem Zusammenhang kann die Einnahme zu Bewusstlosigkeit, Schlaganfall, Herzinfarkt, Erblinden, Nervenausfällen (diabetische Angiopathien), Nierenversagen sowie Amputationen der Gliedmaßen führen **Todesfälle sind erwiesen**

… Nein, so haben Sie sich das mit dem Stimmungsaufheller Schokolade aber nicht vorgestellt. Sie bekommen es mit der Angst zu tun. So schlecht kann Ihre Stimmung trotz Dauerregen gar nicht sein, als dass Sie solche Gefahren auf sich nähmen. Sie entschließen sich zur körpereigenen Abwehr, ziehen sich die Turnschuhe an und walken eine halbe Stunde. Danach haben Sie bessere Laune und zugleich etwas für Ihre Fitness und Gesundheit getan.

Zucker ist tatsächlich ein Lebensmittel, das nur in kleinen Mengen genossen werden sollte – aber leider liegt der jährliche Verbrauch in Deutschland bei über drei Millionen Tonnen im Jahr – mit stark steigender Tendenz.

Zu den oben genannten Risiken kommen noch viele andere Nachteile hinzu: Für den Zuckerabbau im Stoffwechsel wird sehr viel Vitamin B_1 benötigt, das dann an anderer Stelle fehlt. Außerdem ist Zucker ein völlig wertloser Kalorienlieferant. Die Vitalstoffe wurden ihm fabrikationsmäßig fast vollständig entfernt. Bei einem zu hohen Zuckerkonsum werden rohes Obst und Vollkornnahrung durch die geschädigte Darmflora fast unverdaulich, und es kommt beim Verzehr zu Völlegefühl, Blähungen, Schmerzen und Übelkeit.

Ganz besonders unheilvoll ist die Allianz von Zucker und Auszugsmehlen. Das ohnehin nur mit dem Zucker beschäftigte Vitamin B_1 wird durch Vitamin-Räuber in den Mehlprodukten noch weiter vermindert.

Wie viel Schokolade essen Sie denn pro Woche? Und in welchen Situationen lassen Sie sich am ehesten verführen?
Machen Sie sich ruhig mal Ihre Gedanken, und überlegen Sie, welche gesünderen Alternativen Sie sich vorstellen könnten.

Light-Produkte

Wer kennt sie nicht, die tollen Werbefilmchen à la »Ich will so bleiben, wie ich bin?«.

Schlanke, strahlende Menschen essen darin mit Vorliebe Süßstoffe aller Art und schwören, dass man den Unterschied zwischen Zucker und Süßstoff nicht schmeckt. Sie wissen ja selbst, dass das nicht stimmt, aber von den geschmacklichen Defiziten mal ganz abgesehen bleibt man mit Süßstoffen nicht schlank – das Gegenteil ist der Fall:

Durch die geschmackliche Süße im Mund sendet der Körper hurtig Signale an die Bauchspeicheldrüse, die sogleich Insulin produziert. Die angekündigte Zuckeranflutung bleibt jedoch aus, viel zu viel Insulin fließt nun in den Adern und hat in der Folge gar keine andere Wahl, als den Blutzucker zu senken. Die Folge dieser Unterzuckerung, die einen Konzentrationsabfall und eine Müdigkeitszunahme nach sich zieht, ist Hunger und ganz besonders: Heißhunger auf Süßes.

Nach einem kurzen kalorienarmen Gaumenkitzel folgt beim Verzehr von Süßstoffen also immer das dicke Ende – ganz davon abgesehen, dass auch andere gesundheitliche Folgeerscheinungen nicht ausgeschlossen werden können.

Manche Süßstoffe werden bereits als gesundheitsschädigend eingestuft:

Cyclamat (E952): Im Tierversuch Krebs fördernd, wurde dieser Stoff in den USA bereits verboten.

Saccharin (E954): Im Tierversuch Krebs fördernd, wird dieser Stoff in den USA nur mit Warnhinweis zugelassen.

Aspartam (E951): Hier besteht der Verdacht auf neurotoxische Effekte wie Kopfschmerzen und Stimmungsänderungen.

Auszugsmehle

Auszugsmehle sind vitalstoffarm, weil der gehaltvolle Getreidekeim sowie die wertvollen Randschichten maschinell entfernt wurden. Lassen Sie sich dabei nicht von der Farbe des Mehls (grau oder weiß) oder von der Körnung des gebackenen Brotes täuschen. Beides verrät nichts über den Vitalstoffgehalt. Man sollte sich deshalb einzig und allein an der Bezeichnung Vollkornmehl orientieren.

Zehn Gesundheitsregeln

Für Ihre Gesundheit hat die »Deutsche Gesellschaft für Ernährung« (DGE) zehn Regeln zusammengestellt, die Sie sich noch einmal in Ruhe durchlesen und in Zukunft im Hinterkopf behalten sollten:

- vielseitig – aber nicht zu viel
- würzig, aber nicht salzig
- wenig Süßes
- weniger Fett und fettreiche Lebensmittel
- reichlich Gemüse, Obst und Kartoffeln
- mehr Vollkornprodukte
- weniger tierisches Eiweiß
- trinken mit Verstand
- häufiger kleine Mahlzeiten
- schmackhafte und nährstoffschonende Zubereitung

Der Unterschied zwischen Auszugs- und Vollkornmehl zeigte in einem durchgeführten Tierversuch grausame Dimensionen: Eine Gruppe Ratten wurde mit Auszugsmehl, eine andere mit Vollkornmehl ernährt. Gruppe 1 starb nach wenigen Wochen, Gruppe 2 überlebte.

Tückische Dickmacher

Wer abends gerne Wein oder Whisky trinkt, sollte dazu – wenn er ein paar Kilos drauflegen möchte – idealerweise auch noch naschen oder Chips futtern. Denn Alkohol hemmt die Fettverbrennung. Ab 0,8 Liter Bier beim Mann und 0,5 Liter bei der Frau funktioniert der Fettab-

Wenn der Schweinehund mal wieder zupackt ...

... Ja, darf ich denn gar nichts mehr essen? Keine Schokolade, kein Fett, keine Kohlenhydrate? Soll ich mich jetzt nur noch von Grünzeug ernähren? Tut mir Leid, das kann ich nicht und das will ich nicht!

Ist ja schon gut – das sollen Sie ja auch gar nicht. Sie wissen doch sehr genau, dass Ihr Körper sogar Fett braucht und Kohlenhydrate gesund sind. Aber in welcher Form und Kombination Sie sie essen – das spielt eine Rolle.

bau nicht mehr so, wie er soll. Außerdem: 0,5 Liter Bier haben 210 kcal, 0,2 Liter lieblicher Sekt kommen auf stattliche 216 kcal.

Auch in der Kombination mit Kohlenhydraten mit hohem GLYX-Faktor (s. S. 117 f.) sind Fette besonders fatal. Die Fett-Depots füllen sich dabei besonders schnell, und der Mensch nimmt zu.

Ernährungstipps auf einen Blick

Essen Sie täglich mindestens drei Portionen frisches Obst, Gemüse und Salat

Die darin enthaltenen löslichen Ballaststoffe senken den Blutcholesterinspiegel. Der hohe Anteil an Vitaminen und sekundären Pflanzenstoffen schützt vor Arteriosklerose und vielen anderen Krankheiten.

Bevorzugen Sie Vollkornprodukte

Vollkornbrot, Naturreis oder Nudeln aus Vollkornmehl sollten öfter auf dem Speiseplan stehen, da sie langfristig sättigen und gesund sind.

Planen Sie auch Hülsenfrüchte und Nüsse in Ihren Speiseplan ein

Sie enthalten wertvolle Vitamine und sekundäre Pflanzenstoffe und sind sättigend. Nüsse haben, da sie viele

Unentbehrliche Lebensmittel

Obst und Gemüse

- Äpfel, Bananen, Kiwis, TK-Beeren, Obst der Saison (im Winter viele Zitrusfrüchte, im Sommer Melonen, beides hält sich auch lange), immer mal wieder eine Ananas
- Tomaten (nie im Kühlschrank lagern!), Zwiebeln, Knoblauch, pürierte Tomaten, Möhren und Kohlrabi (prima Knabbernahrung für zu Hause und unterwegs!), verschiedene TK-Gemüse, Kokosnussmilch (statt Sahne)

Getreideerzeugnisse und Hülsenfrüchte

- Linsen (braune Tellerlinsen, aber auch rote und schwarze, die sind viel schneller gar)
- Nudeln aus 100 % Hartweizengrieß (Spaghetti, Makkaroni), Müsli

gesunde Fettsäuren enthalten, eine cholesterinsenkende Wirkung, sollten aber aufgrund ihres hohen Kaloriengehalts dennoch nicht in zu großen Mengen verzehrt werden.

Reduzieren Sie Ihren Fleisch- und Wurstkonsum

Essen Sie im Tagesdurchschnitt maximal 80 g Wurst und Fleisch am Tag und bevorzugen Sie magere Sorten.

Gewürze, Öle und Fette

- Getrocknete Kräuter wie Petersilie, Oregano, Rosmarin, Minze und Majoran; Gewürze wie Pfeffer, Paprika, Curry, Kümmel, gemahlener Koriander; auch eine frische Ingwerknolle im Kühlschank ist vielseitig einsetzbar
- Rapsöl, Olivenöl, Walnussöl, Aceto Balsamico, Obstessig
- Halbfettmargarine

Milch- und Milchprodukte

- Entrahmte Milch, Buttermilch, Naturjoghurt (0,1 % Fett), Magerquark, Kräuterquark mit wenig Fett, saure Sahne (10 %), entrahmter Fruchtjoghurt

Fisch

- Seebarsch, Kabeljau, Scholle, Garnelen, Tintenfisch ... (frisch oder tiefgekühlt) – köstlich, fettarm, einfach, schnell und gesund!

Essen Sie mindestens ein- bis zweimal pro Woche Fisch

Vor allem Seefische wie Makrele, Hering, Thunfisch oder Sardinen enthalten große Mengen an Omega-3- und Omega-6-Fettsäuren, die gefäßschützende und lipidsenkende Eigenschaften haben sowie die Blutfließeigenschaften positiv beeinflussen.

Greifen Sie zu Milchprodukten mit niedrigem Fettgehalt

Milchprodukte sind gesund – beim Fett sollte jedoch gespart werden. Greifen Sie deshalb zu entrahmten Produkten wie fettreduziertem Joghurt und Quark.

Vermeiden Sie Speisefette, wo immer es geht

Verwenden Sie beschichtete Pfannen und Töpfe – mit denen brauchen Sie deutlich weniger Bratfett – und bereiten Sie Ihre Gerichte viel öfter mit fettarmen Garmethoden wie Dämpfen mit Dämpfeinsatz oder Garen im Bratschlauch zu.

Seien Sie sparsam mit Zucker, Süßigkeiten und süßen Getränken

Süße Getränke und Zucker enthalten zwar kein Fett, machen aber dennoch dick, schädigen unseren Blutzuckerspiegel und produzieren in der Folge Heißhungerattacken, die dann noch dicker machen. Süßigkeiten wie Schokolade oder Eis haben zudem noch einen hohen Fettgehalt.

Ersetzen Sie tierische Fette durch hochwertige Pflanzenöle

Oliven-, Distel-, Lein-, Raps- und Sonnenblumenöl enthalten viele einfach und mehrfach ungesättigte Fettsäuren, die sich positiv auf die Blutfettwerte auswirken. Besonders empfehlenswert ist das geschmacksneutrale Rapsöl.

Kochen Sie leichte Saucen

Saucen müssen nicht immer mit Butterflöckchen garniert werden, und statt aus Bratenfett und Sahne lassen sich auch aus püriertem Gemüse, Joghurt, Sojasauce, Senf und vielen anderen Zutaten schmackhafte Saucen zubereiten.

Belegen Sie Brot und Brötchen einmal anders

Statt Butter, Wurst, Käse und Marmelade schmecken als Brotbelag auch Gemüsepasten und Magerquark mit Kräutern oder belegt mit Tomaten, Gurken und Radieschen.

Reduzieren Sie Ihren Salzkonsum!

Eine Verringerung des Salzkonsums ist besonders für Bluthochdruckpatienten wichtig. Beachten Sie, dass Salz bereits in großen Mengen in Fertigprodukten enthalten ist wie zum Beispiel in Salatsaucen. Die Devise heißt deshalb: würzen statt salzen!

Entdecken Sie die Vielfalt der Gewürze und frischen Kräuter

So gelingen Ihnen schmackhafte Speisen ohne viel Fett und Salz. Viele Kräuter und Gewürze enthalten zudem sekundäre Pflanzenstoffe – so vermindern die Inhaltsstoffe von Knoblauch beispielsweise die Entstehung von Arteriosklerose auf vielfältige Art und Weise.

Trinken Sie mindestens 3 Liter am Tag
Am besten Mineralwasser. Frucht- und Gemüsesäfte, Kräuter- und Früchtetees enthalten sekundäre Pflanzenstoffe, die das Risiko für Herz-Kreislauf-Erkrankungen senken.

Der Einkauf

Wollen Sie Ihre Ernährung umstellen, müssen andere Lebensmittel in Ihrem Einkaufswagen landen. Statt Aufbackbrötchen gibt es Vollkornbrot, statt Fertigprodukten viel Obst und Gemüse. Aber gerade bei den frischen Nahrungsmitteln stellt sich oftmals ein Problem:

Was tun, wenn die Zeit für den täglichen Einkauf nicht reicht?

Oftmals liegen die Arbeitsplätze nicht zentral, wenn es darum geht, schnell Fisch- und Gemüsegeschäfte oder auch Supermärkte zu erreichen. Und selbst wenn um die Ecke ein Supermarkt ist – wo soll man das in der Mittagspause Gekaufte bis zum Abend lagern? Viele von Ihnen kennen sicher dieses Problem. Oftmals ist dann abends nichts im Haus, was sich einfach und schnell zubereiten lässt. Die Gefahr, in solchen Momenten sozusagen um den Hunger herum Schokolade zu essen oder sich jede Menge Fett in Form von einer Currywurst mit Pommes frites aufzuhalsen, liegt damit in greifbarer Nähe.

Zeitsparend und vitaminreich einkaufen? Tiefkühlgemüse heißt die Lösung.

Geschickt einkaufen – Stress vermeiden

Dabei könnten Sie sich ganz einfach viele Kalorien und vor allem viel Stress ersparen, wenn Sie beim Wochenendeinkauf für die Woche nur ein paar Dinge beachten würden:

Frisches Gemüse hält sich nun einmal nicht lange im Kühlschrank. Nach ein paar Tagen im Gemüsefach hat es zudem auch die meisten Vitamine eingebüßt. Die gesunde Alternative ist hierzu das Tiefkühlgemüse. Das Angebot an Tiefkühlgemüse hat sich gerade in den letzten Jahren ständig erweitert, und neben dem Vorteil, dass man damit ganzjährig alle möglichen Sorten in erntefrischer Qualität erhält, liegen noch zwei weitere Pluspunkte auf der Hand: TK-Gemüse ist bereits geputzt und oftmals auch schon portioniert – das bedeutet: viel weniger Arbeits- und Zeitaufwand. TK-Spinat hat beispielsweise denselben Nährstoffgehalt wie frischer. Während der Hobbykoch jedoch beim frischen ziemlich lange mit Putzen und Waschen riesiger Mengen Spinatblätter beschäftigt ist, entfällt dies einfach bei der tiefgekühlten Variante. Eine wirklich sinnvolle Anschaffung ist dann auch – falls noch nicht vorhanden – ein Kühlschrank mit ausreichend großem Tiefkühlfach, denn nichts ist schlimmer als die ständig vereisten Mini-TK-Fächer.

Legen Sie so viel Fischfilet heraus, wie Sie brauchen, und beträufeln Sie es nach dem Waschen mit etwas Zitronensaft. Dünsten Sie dann in etwas Rapsöl mit ein klein wenig Sojaöl eine klein geschnittene Zwiebel glasig an und geben Sie anschließend Gemüse Ihrer Wahl hinzu. Salzen, pfeffern und eventuell mit etwas Sojasauce abschmecken. Legen Sie dann den Fisch auf das heiße Gemüsebett, bis er gar ist. Zusammen mit Basmatireis (geht schnell) eine supergesunde und leckere Alternative zu Salami-Pizza.

Auch bei den anderen Lebensmitteln, die Sie jetzt einkaufen, sollten Sie nicht wahllos zugreifen. Denn welche von den 20 Müsli-Sorten von nun an in Ihrem Einkaufswagen landet, ist ebenso wenig reine Geschmackssache, wie es auch beim Joghurt oder beim Obst um mehr geht als nur um Preis und schöne Verpackung.

Vor dem Einkaufen: Vorräte überprüfen!

Machen Sie sich einen Einkaufszettel. Gehen Sie Ihren Kühlschrank, das Tiefkühlfach, die Vorratskammer und den Obstkorb genau durch und notieren Sie sich, was fehlt. Zu schnell passiert es nämlich in der Hektik des Samstag-Einkaufs, dass man die Hälfte vergisst oder wieder zu alten Sünden, sprich: TK-Pizza und Schokolade, greift.

Hilfreich ist auch, sich am Freitag zu überlegen, was man am Wochenende für die kommende Woche vorkochen könnte. Aber auch unabhängig von Rezepten und Wochenplan gibt es Lebensmittel, die auf jeden Fall in Ihre Küche gehören (siehe Kasten S. 168 + 169). Sie bilden den Grundstock, ohne den (fast) gar nichts läuft.

Sie müssen bei meinem PRÄMIEN-Konzept weder aufwändige Einkäufe tätigen noch kompliziert kochen. Außerdem kann die ganze Familie, ohne es zu merken, die Ernährungsumstellung mitmachen. Das wichtigste Rüstzeug ist der gute Wille, den Sie nicht verlieren dürfen. Dann werden Sie in Ihrem weiteren Leben munterer, schlanker und gesünder sein!

Das Frühstück: Die Wahl dürfte Ihnen in Zukunft leicht fallen

Entscheiden Sie selbst: Mehr ist mehr

Croissant mit Butter und Marmelade
1 Croissant (67 g)
= 250 kcal
3 Butterröllchen (48 g)
= 180 kcal
20 g Aprikosenmarmelade
= 50 kcal
insgesamt: 480 kcal, davon 65 g Fett!

oder

2 Vollkornbrötchen mit Fruchtaufstrich und viel frischem Obst der Saison
2 Vollkornbrötchen
(à 45 g) = 200 kcal
4 EL saure Sahne
(10 %) = 70 kcal
40 g Fruchtaufstrich = 40 kcal
2 Feigen = 60 kcal
1/4 Melone = 20 kcal
1/4 Ananas = 50 kcal
1/2 Banane = 40 kcal
insgesamt: 480 kcal, davon 6,6 Fett

Abends zu Hause ... und weder Zeit noch Lust zum Kochen

TK-Pizza
$1/6$ Salami/Käse-Pizza
(ca. 50 g) = 100 kcal,
davon 4 g Fett

oder

TK-Gemüsesuppe
200 ml Gemüsesuppe
= 100 kcal,
davon 1,3 g Fett

Wenn unterwegs der Schweinehund durchbrennt ...

$1/3$ Currywurst mit Pommes frites
$1/3$ mittlere Pommes = 133 kcal
$1/3$ Currywurst = 170 kcal
insgesamt: 303 kcal, davon 13,3 g Fett

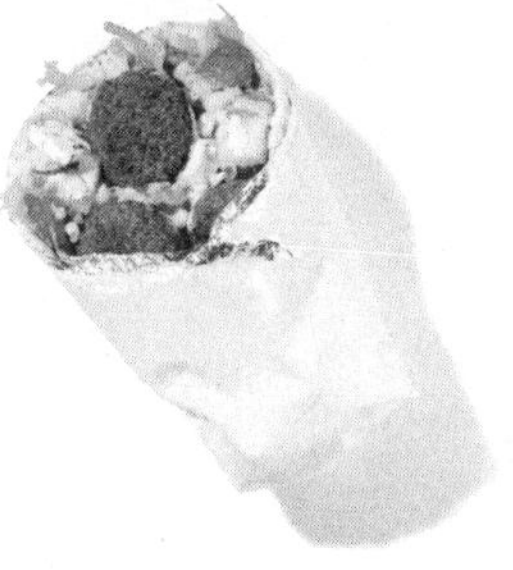

oder

1 ganzes Falafel-Sandwich
3 Falafel-Bällchen = 180 kcal
Pita-Brot = 150 kcal
Salat- und Joghurt-Sauce = 30 kcal
insgesamt: 360 kcal, davon 18 g Fett

Beim Italiener

3 Stückchen Weißbrot
(ohne Butter, Aioli o. ä.),
Scheibe à 2,5 cm = 150 kcal

oder

Geräucherter Lachs mit Kapern und grünem Salat
Lachs und Kapern (90 g)
= 130 kcal
Salat = 20 kcal

oder

Tagliatelle in einer Schinken-Sahne-Sauce mit Pilzen
400 g = 600 kcal
insgesamt: 750 kcal, davon 31 g Fett

oder

Spaghetti al'Arrabiata
400 g = 400 kcal
Obstsalat mit Fruchtsorbet
mit 1 Kugel Sorbet = 100 kcal
1 Glas Weißwein
125 ml = 100 kcal
**insgesamt: 750 kcal,
davon 4 g Fett**

Schnell was auf die Hand – oder ein köstliches Menü zu Hause?

Döner Kebap
1 Döner = 770 kcal
insgesamt 770 kcal, davon 42 g Fett

oder

Tomaten-Rukola-Salat
1 Portion = 40 kcal
2 Truthahn-Gemüsespießchen mit Reis
2 Spießchen = 190 kcal
250 g gekochter Reis = 270 kcal
1 Kugel Orangensorbet mit Himbeerpüree
1 Kugel Sorbet = 100 kcal
50 g Himbeeren = 15 kcal
insgesamt 615 kcal, davon 9 g Fett

Wenn man schon naschen muss ...

Tiramisu
150 g = 500 kcal
insgesamt: 500 kcal, davon 26 g Fett

oder

3 Portionen Sorbet mit Früchten und Sahnehäubchen
3 Kugeln Sorbet
(à 80 g) = 240 kcal
3 Sahnehäubchen
(à 15 g) = 140 kcal
3 Portionen Fruchtsalat
(à 100 g) = 90 kcal
3 × Fruchtsauce zur Deko
(à 15 g) = 60 kcal
insgesamt: 530 kcal,
davon 14 g Fett

1 Portion Mousse au Chocolat
125 g = 415 kcal
insgesamt: 415 kcal,
davon 14 g Fett

oder

2 Portionen Zitronencreme mit Orangenfilets
2 × Creme (à 125 g pro Portion)
= 370 kcal
Orangenfilets (à 3 Filets pro Portion)
= 12 kcal
insgesamt: 382 kcal,
davon 14 g Fett

Pralinen
5 Trüffelpralinen
= 350 kcal
davon 21 g Fett

Buttercremetorte
100 g = 361 kcal
davon 18 g Fett

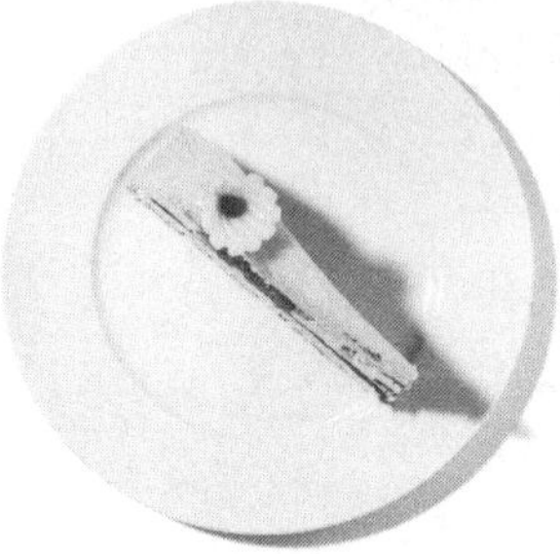

oder

Ananas und Erdbeeren im Schokomantel
12 Erdbeer-Ananas-stückchen
mit Schokolade
= 350 kcal
davon 9,6 g Fett

oder

Pflaumenkuchen (Hefeteig)
100 g = 150 kcal
davon 3 g Fett

In der Cocktailbar

1 Gin Tonic mit Erdnüsschen
50 g Erdnüsschen = 300 kcal
Gin Tonic (4 cl Gin) = 150 kcal
insgesamt: 450 kcal,
davon 33 g Fett

oder

3 Gin Tonic
ohne Erdnüsse
insgesamt: 450 kcal
davon 0 g Fett

Die beliebten Tapas ...

3 Tapas oder ein ganzes 3-Gänge Menü – das ist beim Spanier die Frage ...
Chorizo (60 g) = 230 kcal
Tortilla (90 g) = 180 kcal
schwarze Oliven (50 g) = 170 kcal
insgesamt: 580 kcal
davon 49,6 g Fett

oder

Gazpacho (200 ml) = 130 kcal
Gegrillter Schwertfisch (150 g) = 190 kcal
Couscous mit Kräutern (100 g) = 100 kcal
3 gebackene Tomatenhälften mit Kräutern = 20 kcal
1 Kugel Fruchtsorbet mit Kiwi-Carpaccio = 100 kcal + 40 kcal
insgesamt: = 580 kcal
davon 23 g Fett

4:3 – Ernährungsumstellung leicht gemacht

So lecker können vier Basis-Tage schmecken

Frauen sollten an den vier Basis-Tagen nicht mehr als 40 g, Männer nicht mehr als 60 g Fett zu sich nehmen – aber das heißt noch lange nicht, dass man hungern oder darben muss. Kulinarische Gipfelerlebnisse sind auch unterhalb der Fett-Grenze zu finden. Allerdings sind clevere Planung, Einkauf mit Weitsicht und Disziplin zu Anfang von Nöten, bis eine Gewöhnung eingetreten und die neue Ernährung selbstverständlich geworden ist.

Sie haben mittlerweile schon jede Menge Tipps und Tricks kennen gelernt, wie Sie Ihren Fettkonsum kontrollieren können. Rufen Sie sich diese Tipps immer wieder ins Gedächtnis, wenn Sie mit dem Einkaufswagen unterwegs sind oder zu Hause am Herd stehen, und vergessen Sie darüber nicht, Nahrungsmittel mit einem niedrigeren GLYX-Faktor auszuwählen. Dann kann eigentlich nichts mehr schiefgehen.

Damit Ihnen der Einstieg in eine fettreduzierte und gesunde Kost leichter fällt und Sie in der Anfangszeit nicht ratlos in der Küche stehen, gibt es im Folgenden ein paar lecker-leichte Rezeptideen, die den Richtlinien des PRÄMIEN-Konzepts entsprechen. Lassen Sie sich von ihnen inspirieren und wandeln Sie sie ab – vielleicht entdecken Sie in sich ja ungeahnte Qualitäten als Hobbykoch.

Damit fängt der Tag gut an: Sonnige Frühstücksideen

1. Nuss-Müsli mit Zwetschgen, Orange und Ahornsirup

5 frische Zwetschgen
1 Orange (wenn möglich unbehandelt)
50 g Magerquark
1 TL Ahornsirup
50 g ungesüßtes Nussmüsli
1 EL Rosinen

Waschen und entkernen Sie die Zwetschgen und schneiden Sie diese in Streifen. Waschen Sie dann die Orange. Falls sie unbehandelt ist, können Sie etwas von der Schale abreiben. Anschließend wird die Orange geschält und filetiert. Fangen Sie dabei den ausgetretenen Saft auf, der mit dem Quark, dem Ahornsirup und der Orangenschale verrührt wird. Geben Sie das Müsli, Obst und die Rosinen in eine Schale und verteilen Sie darauf den Quark.
Fettgehalt insgesamt: 4,1 g

2. Knäckebrot mit Himbeerquark

125 g Himbeeren
1 Stiel Zitronenmelisse
100 g Magerquark oder Schichtkäse
1 TL Zitronensaft
2 EL Himbeerkonfitüre
2 Scheiben Sesamknäcke

Waschen Sie die Himbeeren und die Zitronenmelisse und schneiden Sie die Melisse anschließend in feine Streifen. Verrühren Sie nun den Magerquark oder Schichtkäse mit der Hälfte der Himbeeren, dem Zitronensaft, der Konfitüre und der Zitronenmelisse. Falls die Creme zu dick ist, geben Sie 2 EL Mineralwasser dazu. Bestreichen Sie nun das Knäckebrot mit dem Himbeerquark und garnieren Sie das Brot mit den restlichen Himbeeren.
Übrigens: Dieses Rezept lässt sich mit sehr vielen Obstsorten variieren.
Fettgehalt insgesamt: 1,2 g

3. Birnen-Drink mit Pistazien

1 reife Birne
2 TL Pistazienkerne
1 EL Zitronensaft
1 TL Akazienhonig
250 ml fettarmer Kefir
2 EL Vollkornflocken (oder Müsli)

Waschen Sie die Birne, entfernen Sie dann das Kerngehäuse und schneiden Sie 1–3 Birnenspalten ab. Beträu-

feln Sie diese mit etwas Zitronensaft und legen Sie sie erst einmal beiseite. Die restliche Birne schälen und grob zerkleinern. Pürieren Sie nun die Birne zusammen mit den Pistazienkernen und dem restlichen Zitronensaft und vermengen Sie dies mit den restlichen Zutaten. Richten Sie alles in einem schönen Glas an und dekorieren Sie es mit den Birnenspalten.
Fettgehalt insgesamt: 2,2 g

4. Süßes Frischkäsebrot

2 Scheiben Vollkornbrot	2 TL Fruchtaufstrich
2 EL Frischkäse, Magerstufe	1 EL Kürbiskerne

Bestreichen Sie das Brot mit dem Frischkäse und dem Fruchtaufstrich und bestreuen Sie es mit den Kürbiskernen.
Fettgehalt insgesamt: 7,2 g

Für den kleinen Hunger: Snacks für zwischendurch

1. Tomatenmark-Feta-Sandwich

1–2 Scheiben Schwarzbrot oder Vollkornbrot
2 TL Tomatenmark
25 g Feta
2 Möhren
1 Orange, etwas Kresse

Bestreichen Sie das Brot mit dem Tomatenmark und belegen Sie es mit dem fein geschnittenen Feta. Streuen Sie nach Belieben die Kresse darauf und essen Sie das Brot mit den Möhren und der Orange.
Fettgehalt insgesamt: 6 g

2. Geräucherte Forelle mit Rauke

2 Scheiben Vollkornbrot
50 g Rauke
2 EL Meerrettichfrischkäse
1 zerpflücktes Forellenfilet
Pfeffer aus der Mühle
1 TL grob gehackte Pistazien

Waschen und verlesen Sie die Rauke. Bestreichen Sie die zwei Brote mit dem Frischkäse und verteilen Sie darauf die trockengeschüttelte Rauke, dann die Forelle und mahlen Sie anschließend etwas Pfeffer darüber. Bestreuen Sie alles mit den Pistazien.
Fettgehalt insgesamt: 9,5 g

3. Auberginencreme-Sandwich mit Walnüssen
(für 2 Portionen)

1 Aubergine
1 Zwiebel
1 Knoblauchzehe
1 TL Olivenöl
2 Stiele glatte Petersilie
6 Walnusskerne
1 TL Zitronensaft
2 Scheiben Vollkornbrot
Salz, Pfeffer

Die Aubergine waschen und in Scheiben schneiden. Anschließend die Zwiebel und die Knoblauchzehe schälen und fein würfeln. Erhitzen Sie nun das Öl in einer beschichteten Pfanne und braten Sie alles darin an. Geben Sie etwas Wasser oder Brühe dazu, damit die Zutaten in etwa 20 Minuten auf kleiner Flamme weich dünsten. Nach dem Abkühlen die Masse pürieren. Rühren Sie anschließend die klein gehackte Petersilie, die klein gehackten Walnüsse, Salz, Pfeffer und Zitronensaft unter. Bestreichen Sie nun das Vollkornbrot damit und dekorieren Sie es, z. B. mit Kirschtomatenhälften.
Fettgehalt insgesamt: 20 g

4. Harzer Käse mit Kürbiskernöl

(für 2 Portionen)

2 dicke Scheiben Harzer Käse
3 Radieschen
4 EL fettarmer Joghurt
2 TL Dijon-Senf
4 Scheiben Pumpernickel
2 TL Kürbiskernöl
Salz, Pfeffer

Schneiden Sie die Harzer Käse-Scheiben einmal waagrecht durch, waschen Sie die Radieschen und schneiden Sie sie in feine Streifen. Verrühren Sie dann den Joghurt mit Salz, Pfeffer und Senf und streichen Sie diese Creme auf die Pumpernickelscheiben. Legen Sie darauf die Radieschenscheiben und darüber den Harzer Käse. Alles mit Kürbiskernöl beträufeln.
Fettgehalt insgesamt: 12,2 g

Mittags und abends: So köstlich kann fettarmes Kochen sein

1. Seefisch auf Kartoffel-Gurken-Bett

(für 1 Portion)

4 kleine gekochte Kartoffeln
200 g Salatgurke
etwas Schnittlauch
und Petersilie
200 ml Gemüsebrühe
150 g TK-Seefisch
1–2 TL Senf
2 TL Olivenöl
10 g Parmesan
Salz, Pfeffer

Pellen Sie die Kartoffeln und schneiden Sie sie zusammen mit der Gurke in Scheiben. Vermengen Sie nun die gehackten Kräuter mit den Kartoffel- und Gurkenscheiben und würzen Sie alles mit viel Pfeffer und wenig Salz. Geben Sie die Mischung in einen Topf und gießen Sie die Brühe hinzu. Legen Sie nun den Fisch auf das Gemüsebett. Anschließend mit Salz und Pfeffer würzen und mit dem Senf bestreichen. Zum Schluss wird das Ganze mit dem Olivenöl beträufelt und dem Parmesan bestreut. Nach etwa 10 Minuten ist alles gar.

Fettgehalt insgesamt: 18 g

2. Zanderfilet mit Zwetschgen
(für 2 Personen)

100 g Basmati- oder Langkornreis
1 kleine Gemüsezwiebel
1 Fenchelknolle
1 rote Paprika
100 g Zwetschgen
1 Stück Ingwer (1,5 cm)
400 g Zanderfilet
Saft von 1 Zitrone
2 TL Rapsöl
1 TL Honig
1 Spritzer Sojasauce
Pfeffer, Salz

Garen Sie den Reis im kochenden Wasser nach Packungsanweisung. Zwiebel, Fenchel, Paprika und Zwetschgen klein schneiden. Ingwer schälen und klein hacken. Zanderfilet abspülen, trockentupfen, mit der Hälfte des Zitronensafts beträufeln und in Stücke schneiden.
Braten Sie dann das Gemüse und den Ingwer im Öl an und geben Sie kurz vor Garzeit-Ende den Fisch dazu. Würzen Sie zum Schluss alles mit Salz, Pfeffer, Honig und Sojasauce. Zusammen mit dem Reis anrichten.
Fettgehalt insgesamt: 12,1 g

3. Kartoffelsuppe
(für 4 Portionen – lässt sich aber auch prima einfrieren)

500 g mehlig kochende Kartoffeln
1 l Fleischbrühe
2 Zwiebeln
2 Knoblauchzehen
3 EL Olivenöl
2 cm frischer Ingwer
1 Fleischtomate, enthäutet und klein geschnitten
2 kleine rote Chilischoten, die Kerne entfernt und in feine Streifen geschnitten
1 TL Paprika edelsüß
Schale von ½ unbehandelten Zitrone
1 TL Kreuzkümmel
1 TL Garam Masala
1 TL Curry
½ TL gemahlener Koriander
½ TL schwarzer Pfeffer
½ Dose Kokosmilch

Schälen Sie die Kartoffeln, schneiden Sie sie in Würfel, kochen Sie die Brühe auf und lassen Sie die Kartoffeln 30 Minuten köcheln. Schneiden Sie in der Zwischenzeit die Zwiebeln und hacken Sie den Knoblauch.

Erhitzen Sie in einer Pfanne Öl. Zwiebeln darin anschwitzen, Ingwer und Knoblauch dazugeben. Sobald alles Farbe bekommen hat, Tomatenwürfel, Chilischotenstreifchen und alle Gewürze untermischen. Braten Sie alles kurz an und nehmen Sie dann die Pfanne vom Herd.

Sobald die Kartoffeln gar sind, die Brühe mit den Kartoffeln pürieren, die Kokosmilch unterrühren und die Pfannengewürzmischung beigeben.

Fettgehalt insgesamt: 41,4 g

4. Möhrenmangosuppe

(für 4 Personen – lässt sich ebenfalls prima vorkochen und portionsweise einfrieren)

800 g Möhren
2 Zwiebeln, klein geschnitten
3 cm Ingwer, geschält und fein gehackt
2 EL Erdnussöl
1 l Gemüsebrühe
1 reife Mango
1/2 Dose Kokosmilch, ungesüßt
1 Bund Lauchzwiebeln, in Röllchen
1 rote Chilischote, entkernt
Saft von 1 Limette
etwas Schnittlauch
Salz, Pfeffer

Dünsten Sie die in Scheiben geschnittenen Möhren, die Zwiebeln und den Ingwer in dem Öl an und geben Sie dann die Brühe dazu. Lassen Sie alles 8 Minuten kochen. Geben Sie jetzt die geschälte und zerkleinerte Mango hinzu und pürieren Sie alles. Fügen Sie nun die Kokos-

milch, die Lauchzwiebeln und die Chilischote dazu und lassen Sie alles aufkochen. Limettensaft dazugeben und Chilischote entfernen, mit Salz und Pfeffer abschmecken. Dekorieren Sie die Suppe abschließend mit Schnittlauchröllchen.
Fettgehalt insgesamt: 28,4 g

5. Asiatische Kürbissuppe

(für 4 Portionen)

400 g Kürbisfleisch	1 l Hühnerbrühe
150 g Möhren	150 ml Kokosmilch
80 g Lauch	1 Stängel Zitronengras
50 g Staudensellerie	1/2 rote Chilischote
1 Knoblauchzehe	1 TL grüne Currypaste
3 EL Rapsöl	Salz, Pfeffer

Würfeln Sie das Kürbisfruchtfleisch, schneiden Sie dann die Möhren, den Lauch und den Sellerie sowie den Knoblauch klein und schwitzen Sie alles im Rapsöl an. Gießen Sie dies mit der Brühe und der Kokosmilch auf, geben Sie die Gewürze dazu und kochen Sie alles weich. Pürieren Sie anschließend alles und schmecken Sie die Suppe mit Salz und Pfeffer ab.
Fettgehalt insgesamt: 30 g

Die schwarze Liste für die Basis-Tage

Eigentlich ist Ihnen ja mittlerweile klar, welche Lebensmittel Sie unbedingt meiden müssen. Trotzdem seien hier noch einmal die neun absoluten Tabus genannt:

1. Alles, was süß und fettig ist: Schokolade, Eiscreme, Torten, der bekannte Nuss-Nougat-Aufstrich.
2. Achten Sie auf Ihren Zuckerkonsum und meiden Sie Kekse, Bonbons, Limonaden.
3. Denken Sie an den glykämischen Index und lassen Sie Lebensmittel wie Weißbrot, Hefezopf oder Laugenbrezeln links liegen.
4. Keine fettreichen Wurst- und Käsesorten.
5. Meiden Sie tierische Fette wie Butter, Sahne und Salami.
6. Achten Sie bei pflanzlichen Fetten auch auf den Fettgehalt.
7. Tabu sind alle Fertigprodukte.
8. Lassen Sie die Finger von Chips und Flips, aber auch Salzstangen, Pistazien oder Studentenfutter sind tabu.
9. Alkohol müssen Sie unbedingt meiden.

Drei Orgien-Tage

An diesen drei Tagen hat Ihr Schweinehund Ausgang. Sie können zum Essen ein Glas Rotwein trinken, Sie können auch ein bisschen Schokolade naschen, Sie dürfen Ihren geliebten Apfelkuchen schnabulieren – aber natürlich sollten Sie nicht radikal in alte Ess- und Trinkgewohnheiten zurückfallen. Denn Belohnung heißt ja gerade deshalb Belohnung, weil es die Ausnahme von der Regel darstellt.

Was Sie jeden Tag beachten müssen

- Trinken Sie viel Wasser. 2–3 Liter Wasser pro Tag fördern die Verdauung und halten zudem Haut und Geist frisch. Gewöhnen Sie sich an, auch ohne Durst zu trinken, denn meldet das Gehirn erst einmal Wassermangel, leidet Ihr Körper schon längere Zeit darunter. Cola sollten Sie meiden, Säfte nur verdünnt trinken – denn auch sie enthalten sehr viel Zucker.
- Nehmen Sie kleinere Portionen auf den Teller.
- Wie heißt es im Volksmund so schön: Kaiser, König, Bettelmann. Zum Frühstück dürfen Sie also großzügig sein: Greifen Sie zu bei hochwertigen Kohlenhydraten (Vollkornbrot, Müsli) oder Eiweiß (Omelette). Vergessen Sie auch nicht das Obst. Nur selten sollten Weißbrot, Croissants, Kuchen und fette Käse- oder Wurstsorten auf dem Frühstückstablett stehen.
- Das Mittagessen sollte mit Eiweiß (zum Beispiel im

Fisch), vielen hochwertigen Kohlenhydraten und Ballaststoffen wie Vollkornnudeln mit Gemüsesauce den Hunger stillen.

- Das Abendbrot sollte mindestens drei Stunden vor dem Zu-Bett-Gehen eingenommen werden und aus leichter Kost bestehen wie Salaten und Gemüsesuppen. Späte kohlenhydratreiche und fette Kost sollte so weit wie möglich vermieden werden. Bratkartoffeln, helles Brot, Limonaden und Alkohol sollten nicht als Betthupferl dienen, denn sie bremsen die nächtliche Fettverbrennung, und ohne diese nehmen wir zu.
- Wenn Sie doch einmal großen Hunger verspüren und so nicht ins Bett gehen wollen, dann versuchen Sie es doch mal mit dem Tipp eines US-Forschers: Am Abend eine Mahlzeit, reich an Eiweiß und Vitamin C (Rührei mit Paprika-Salat), fördert angeblich den Fettabbau in der Nacht und garantiert guten Schlaf. Eiweißreicher und cholesterinärmer wird das Omelett, wenn man drei Eiweiße und nur ein Eigelb verwendet.
- Kalorien verbrennen. Drehen Sie die Heizung mal nicht ganz so hoch auf, denn niedrigere Temperaturen veranlassen den Körper, verstärkt Energie und damit Fett zu verbrennen. Duschen Sie deshalb kälter als bisher und absolvieren Sie auch bei frischeren Temperaturen Ihr Walking- oder Jogging-Programm.
- Aktivität wird belohnt! Action statt Fernsehen und PC verbraucht im Alltag ganz nebenbei Kalorien.

An den Orgien-Tagen können Sie sich zum Essen ein Glas Wein gönnen.

Was tun im Restaurant?

Es ist so weit: Der erste Restaurantbesuch seit Ihrem Entschluss, endlich langfristig etwas an Ihrem Gewicht zu ändern, steht an. Und Sie haben keine Lust, nur Salat zu kauen, während alle anderen hemmungslos schlemmen. Jetzt kommt die gute Nachricht: Das müssen Sie auch nicht. Auch Sie können schlemmen, schmausen und schnabulieren – aber mit Köpfchen. Beachten Sie einfach die folgenden Regeln.

Acht goldene Regeln für den Restaurantbesuch

1. Zuallererst geht es natürlich um die Wahl des Restaurants. Zwar gibt es in jedem Restaurant fettärmere Alternativen – in manchen Restaurants haben Sie jedoch eine eindeutig größere Auswahl. Gutbürgerliche, griechische und russische Restaurants haben in der Regel ein deutlich begrenzteres fettarmes Angebot als japanische, asiatische und italienische Lokale. Machen Sie sich also bereits im Vorfeld darüber Gedanken, wo Sie gut und dennoch fettarm auf Ihre Kosten kommen.

2. Es ist bereits acht Uhr, Sie haben einen Mordshunger, und das Restaurant ist voll. Was tun Sie, bis Sie Ihr Essen bekommen?

a: Ich esse so lange das Weißbrot mit der leckeren Aioli.

b: Ich trinke in der Zeit einfach drei Aperitifs.

c: Ich trinke viel Wasser und versuche, das Weißbrot geflissentlich zu übersehen.

Natürlich ist Antwort c richtig. Das Weißbrot vor dem Essen ist ein regelrechter Dickmacher. Denn mit dem hohen glykämischen Index kommt die Insulinproduktion so richtig in Fahrt, und dass Insulin auch als Masthormon bezeichnet wird, das wissen Sie ja bereits (s. S. 102 ff.). Zusammen mit Fett (Aioli, Kräuterbutter) und Alkohol haben Sie dann schon vor dem eigentlichen Essen alle tückischen Dickmacher beisammen, die noch dazu die Eigenschaft haben, sich gegenseitig in ihren jeweiligen Funktionen zu unterstützen. Hier heißt es also: Finger weg!

3. Wie steht es mit einem Aperitif? Idealerweise verzichten Sie darauf, aber wenn es denn schon einer sein muss, dann können Sie auch hier viele Kalorien sparen. Gerade wer indonesische Küche liebt, wird durch süße Cocktails in Versuchung geführt. Trinken Sie lieber ein Gläschen trockenen weißen Portwein oder Sherry, auch ein Glas trockener Sekt geht in Ordnung. Vermeiden Sie dagegen süße alkoholische Getränke.

4. Alle greifen bei der Vorspeise so richtig zu – und Sie haben keine Lust, Salat zu essen. Gut, dann sehen Sie sich die Vorspeisen aber genau an. Die meisten triefen nur so vor Fett. Fettarm sind dagegen oftmals die Suppen. Eine Bouillon oder ein Gemüsesüppchen kann köstlich sein, und dennoch sind Sie mit Ihrem Fettkonsum im grünen Bereich.

5. Achten Sie bei der Speisenauswahl auf die Garmethode. Bestellen Sie also lieber Gegrilltes, Pochiertes, Gedünstetes oder im Wok Gegartes als Paniertes.

6. Merke: Die meisten Saucen machen dick! Oft wird hier mit Butter und Sahne nicht zimperlich umgesprungen, und das bedeutet Fettkalorien auf der ganzen Linie.

7. Fisch oder Geflügel statt Fleisch – wer sich an diese Formel hält, ist auf dem richtigen Weg.

8. Abschließend noch ein Wort zum Dessert: Ähnlich wie bei der Vorspeise gibt es hier ganz massive Kalorienbomben, die Sie jedoch auch elegant umschiffen können. Viel Frucht und wenig Sahne ist hier die Devise, und mit einem köstlichen Obstsalat oder einem Fruchtsorbet fahren Sie auf jeden Fall besser als mit Crème Brûlée.

Noch ein letzter Tipp ... 20 Minuten entscheiden

Essen Sie langsam!

Immer wieder kann man beobachten, dass schlanke Menschen langsamer essen als Übergewichtige. Wer langsam isst, isst weniger, weil man sich nicht überisst. 99 % aller Schnellesser benötigen dagegen für die Nahrungsaufnahme weniger als 20 Minuten Zeit. Sie konzentrieren sich ganz aufs Essen, können sich nebenbei kaum unterhalten, legen fast nie zwischendurch das Besteck aus der Hand, um in Ruhe einen Schluck oder auch zwei zu trinken, und lehnen sich äußerst selten auf ihrem Stuhl zurück. Das Problem dabei ist, dass das Gehirn, sonst oft erstaunlich schnell, hier leider unglaublich langsam arbeitet. Es braucht ungefähr 20 Minuten, bevor es die Information aus dem Bauch »Ich bin satt« ans Esszentrum weitergeleitet hat. Das bedeutet: Sehr wahrscheinlich hat ein schnell essender Mensch nach zehn Minuten bereits genug zu sich genommen, bekommt aber vom Gehirn immer noch nicht die Information: Ich bin satt.

Wie schaffen Sie es aber, nach jahrzehntelangem Schnellessen plötzlich Ruhe und Gemütlichkeit einkehren zu lassen? Tipps dazu finden Sie im folgenden Kasten.

Ruhe beim Essen – Die acht besten Tipps und Tricks

- Essen Sie vor der Hauptspeise langsam und genussvoll eine kleine Portion Gemüse oder Salat.
- Nehmen Sie nur kleine Bissen und kauen Sie diese bewusst und langsam.
- Legen Sie nach jedem zweiten oder dritten Bissen das Besteck ab, lehnen Sie sich zurück und trinken Sie etwas Wasser.
- Im Verlauf der 20 Minuten sollten Sie so mindestens ein großes Glas Wasser getrunken haben.
- Konzentrieren Sie sich nicht ausschließlich auf die Speisen, sondern betrachten Sie Ihr Umfeld, unterhalten Sie sich oder werfen Sie einen Blick in die Zeitung.
- Legen Sie immer wieder, wenn Sie sich ablenken, das Besteck beiseite, um nicht unbewusst weiterzuessen.
- Schätzen Sie die 20 Minuten nicht, sondern nehmen Sie die Uhr zu Hilfe. 20 Minuten können nämlich viel länger dauern, als Sie vermuten.

Jetzt, wo wir die Woche in drei Belohnungs- und vier Basis-Tage eingeteilt haben und wir nicht nur über fettreduzierte, sondern auch über ausgewogene und unserer Gesundheit zuträgliche Ess-, Trink-, und Lebensgewohnheiten Bescheid wissen, ist es an der Zeit, den Food-Exercise-Reminder vorzustellen (s. S. 204).

Der Food-Exercise-Reminder

Kopieren Sie sich den Reminder, so oft Sie möchten, heraus und tragen Sie in ihm Ihre Ernährung und Bewegung ein. Sie werden schnell merken, wie einfach es so ist, einen Überblick zu behalten – schließlich haben Sie es schwarz auf weiß vorliegen.

	Montag	**Dienstag**	**Mittwoch**	**Donnerstag**	**Freitag**	**Samstag**	**Sonntag**
Obst/Gemüse (mind. 3 Port./Tag)							
Probiot. Joghurt (100 g/Tag)							
Trinken (Urin mittags klar?)							
Fisch (mind. 2 × /Woche)							
Fleisch/Wurst/Käse (max. 2 × /Woche)							
Fettpunkte (an vier Tagen max. 40 bzw. 60 g)							
Bewegung (mind. 2 × Ausdauer und 2 × Kraft)							

Bewegung, Kraft und Ausdauer

Jedes Jahr aufs Neue, besonders gerne im Frühjahr und nach den Feiertagen, sind Zeitschriften gespickt mit Werbung für Pillen oder Pülverchen zum Abnehmen. Versprochen wird ein rascher und radikaler Verlust der ungeliebten Pölsterchen, ohne zu hungern und ohne Jo-Jo-Effekt. Fett soll da »vernichtet« und »geschmolzen« werden, ganz ohne Änderung des Speiseplans und ohne Schweiß treibenden Sport. Leider scheitert das an der harten Realität, denn neben den gesundheitlichen Risiken, die solche durchaus fragwürdigen Mittelchen in sich tragen, und neben den immensen Kosten, die sie verursachen, ist ein »Vernichten« der Fettzellen physiologisch einfach nicht möglich. Die Fettzellen bleiben in ihrer Anzahl immer erhalten, und die ist genetisch vorgegeben. Das, was man verändern kann, ist die Menge der Einlagerung und die Straffheit des Körpers – und genau dabei ist nach der Ernährung die Bewegung von besonderer Bedeutung.

Wenn der Schweinehund mal wieder zupackt ...

Jetzt soll ich mich tatsächlich auch noch bewegen!

Ja, denn: Auf dem Sofa, schön mit Chips, Bier und Schlankheits-Pille, nimmt man nicht ab. Das müssen Sie mir jetzt einfach mal glauben.

Beim Sport werden nicht nur Kalorien verbraucht, der Aufbau von Muskelmasse lässt den Organismus auch in Ruhephasen mehr verbrauchen. Das bedeutet gleichzeitig, dass der Körper den Energieverbrauch auch während einer Diät nicht so stark drosselt. Hinzu kommt, dass Sport viel besser Stress und Kummer abbaut, als eine Packung Chips oder eine Tafel Schokolade das jemals könnten. Für Sport spricht deshalb neben seiner unterstützenden Funktion bei der Gewichtsreduktion vor allem seine Funktion beim Stressabbau, bei der Verbesserung der allgemeinen Leistungsfähigkeit und sein großer Beitrag für ein neues, verbessertes Körpergefühl.

Sport macht gute Laune und ist gesund!

Welche Bewegungsart ist die richtige?

Generell kann man sagen: Jede Art von Bewegung ist besser als gar keine Bewegung – ob Sie nun lieber eine Ball- und Mannschaftssportart ausüben oder eher der Leichtathletik-Typ sind: Hauptsache, Sie bewegen sich! Das war jetzt gemein, ich weiß, denn wenn Sie so ein bewegungsfreudiger Typ wären, würden Sie wohl kaum das Buch in den Händen halten. Ihr Problem ist wahrscheinlich viel mehr, dass sich Ihr Pensum an Bewegung auf den Gang zum Auto, zur Haltestelle und zum Fahrstuhl beschränkt.

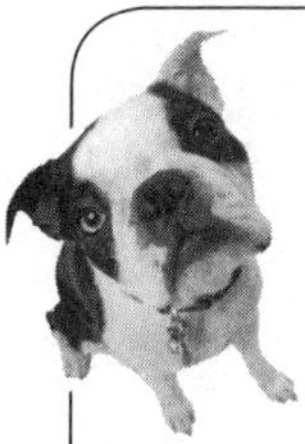

Wenn der Schweinehund mal wieder zupackt ...

Oh, jetzt hat er ordentlich zugepackt. Ball- und Mannschaftssportart. Dass ich nicht lache!

Ja, genau: Ein bisschen Spaß kann dem ganzen Projekt nur zuträglich sein

Doch keine Angst. Es geht bei 2 + 2 + 4 weder um Hochleistungssport noch um einen Vereinsbeitritt, tägliche Schinderei oder kostspielige Anschaffungen: Alle Vorschläge können Sie flexibel zu Hause oder von zu Hause aus und ohne große Kosten umsetzen. Noch einfacher geht es wirklich nicht. Es muss Ihnen aber klar sein, dass in Zukunft wirklich kein Weg daran vorbeiführt, ein Minimalprogramm an Bewegung in Ihr Leben und Ihren Alltag zu integrieren. Es reicht hierbei vollkommen aus, zweimal pro Woche 20 Minuten zu walken oder zu joggen und zweimal pro Woche 20 Minuten Krafttraining zu machen.

Wie das gehen soll, werde ich Ihnen noch verraten. Vorab bekommen Sie jedoch ein paar Tipps, mit denen Sie Ihren Alltag beweglicher gestalten können. Sie werden sehen: Spätestens nach einem halben Jahr haben Sie die kleinen Tipps so verinnerlicht, dass Sie sie ganz automatisch umsetzen werden – und größere Ziele sind dann plötzlich ganz nah.

Bewegung im Alltag – kleiner Aufwand mit großer Wirkung

Bei der Bewegung im Alltag handelt es sich um minimale Änderungen, die jedoch in der Summe schon einiges bewirken und so auf leisen Sohlen für ein Mehr an Bewegung sorgen. Denn eines steht fest: Jede Bewegung ist besser als keine Bewegung, jeder noch so kleine Sauerstoff-Kick macht uns frischer und wacher, und auch die kleinste Muskelanspannung ist besser als gar nichts. Deshalb: Augen auf bei den Möglichkeiten, die der Alltag so bietet.

1. Ein bisschen Höhenluft für Ihren Kreislauf

Es gibt viele Vorteile, die für die Treppe und gegen den Lift sprechen: Sei es die bessere Luft im Treppengang, sei es die Tatsache, dass Sie im Lift mit den lieben Kollegen nicht auch noch auf Tuchfühlung gehen wollen, wenn Sie sie sowieso noch lange genug sehen müssen, oder sei es die Kalorienverbrennung, die beim Treppensteigen größer ist als beim Lift-Fahren. Außerdem: Schneller sind Sie dabei auch noch, denn Sie müssen ja nicht auf jeder Etage einen Stopp einlegen.

2. Schenken Sie sich etwas: eine Station zum Beispiel

Wenn es nicht gerade in Strömen regnet oder die Sonne mit 38 °C unbarmherzig vom Himmel sticht, dann gibt es kaum etwas Besseres, als eine oder zwei Stationen vor dem Ziel aus Bus oder Bahn auszusteigen. Ein paar Minuten zügiges Gehen bringen Ihren Kreislauf in Schwung und macht Sie daher morgens vor der Arbeit munter – abends hilft Ihnen die Bewegung, das Büro hinter sich zu lassen und den Kopf vom Arbeitsalltag zu befreien.

3. Hatten Sie nicht mal ein Fahrrad?

Aber entweder war es kaputt, oder die Witterung ließ es nicht zu, dass Sie es auch benutzten? Schluss damit! Lassen Sie es reparieren, das ist definitiv nicht allzu teuer, und mit geölter Kette und aufgepumpten Reifen macht Fahrradfahren doppelt Spaß. Nehmen Sie in Zukunft für kürzere Strecken das Rad, vielleicht sogar zur Arbeit, denn statt Stau und Hupen haben Sie auf dem Rad freie Fahrt und frische Luft.

Das Beste: Mit Fahrradtaschen, die Sie am Gepäckträger befestigen, haben Sie jede Menge Stauraum, den Rücken frei und können sogar größere Einkäufe tätigen – ganz ohne Parkplatzsuche.

4. Frische Luft statt Koffein

Punkt 15 Uhr fallen Ihnen die Augen zu. Der Kopf wird immer schwerer und das Denken unmöglich. Bevor Sie zum Kaffee greifen, versuchen Sie es einmal anders: Öffnen Sie das Fenster weit und dehnen Sie alles, was sich im Lauf des Tages verspannt und verformt hat: Stellen Sie sich auf die Zehenspitzen und versuchen Sie, mit den Händen die Decke zu erreichen. Kreisen Sie die Hüften. Stellen Sie sich mit schulterweit auseinanderstehenden Beinen hin und dehnen Sie den Oberkörper, indem Sie die Arme über dem Kopf erst nach rechts und dann nach links ziehen, oder dehnen Sie die Hinterseite der Beine, indem Sie versuchen, Ihre Fußspitzen zu berühren. Haben Sie die Dehnung absolviert, dann legen Sie einen kurzen Sprint ein. Nach einer Minute reduzieren Sie das Tempo und gehen in den Trab über. Beugen Sie zum Schluss des Kurztrainings den Körper vornüber und schütteln Sie die Arme aus. Das alles dauert maximal vier Minuten, so viel wie eine Kaffeepause.

Hatten Sie nicht auch einmal ein Fahrrad? Nutzen Sie den Drahtesel für den Weg zur Arbeit oder kleinere Besorgungen.

5. Direkt kommunizieren

Vor dem Rechner sitzen die meisten unter Ihnen sowieso viel zu lange. Wieso halten Sie dann auch noch das kurze »Schwätzchen« mit der Lieblingskollegin übers Intranet oder formulieren die Koordination des neuesten Projekts umständlich per E-Mail an Ihre Kollegen? Besuchen Sie die Kollegen doch mal wieder persönlich – das sorgt zugleich für ein netteres Arbeitsklima!

6. Walking beim Einkaufen

Entdecken Sie mit dem Einkaufswagen Neuland und gehen Sie forschen Schrittes doch einmal eine Extra-Runde

Betreiben Sie beim Einkaufen ein bisschen Walking.

um den Supermarkt. Und auch drinnen: Lassen Sie sich nicht so über dem Einkaufswagen hängen, sondern richten Sie sich auf und erledigen Sie zügigen Schrittes Ihre Einkäufe – natürlich ohne Miteinkäufer dabei über den Haufen zu fahren …

7. Haushaltsaerobic

Drehen Sie in Zukunft beim Bodenwischen, Staubsaugen, Abstauben und Geschirrspülen das Radio auf oder legen Sie eine schöne CD ein. Bewegen Sie sich dann im Rythmus der Musik und achten Sie darauf, dass Sie zusätzliche Bewegungselemente einbauen. Jedes schwungvolle In-die-Hocke-Gehen und Auf-einem-Bein-Hüpfen ist ein Plus an Bewegung – und macht obendrein noch jede Menge Spaß. Seien Sie Ihr eigener Choreograph und kreieren Sie Ihre spezielle Haushaltsperformance!

8. Badewannengymnastik

Nehmen Sie als Hanteln zwei 1-Liter-Plastikflaschen, idealerweise mit Haltegriff. Stemmen Sie im Liegen die beiden Flaschen mit Schwung in die Luft und führen Sie die Arme dann bewusst und langsam wieder zum Körper. Wiederholen Sie diese Übung mehrmals – auf jeden Fall aber fünfmal.

Nehmen Sie sich danach Ihre Beinmuskeln vor, indem Sie Ihre Zehen durch den Haltegriff führen und das angewinkelte Bein langsam und bewusst heben und strecken. Harren Sie etwas in dieser Position aus und vergessen Sie dabei das Atmen nicht. Beugen Sie anschließend das Bein und senken Sie es wieder langsam und bewusst. Wiederholen Sie auch diese Übung pro Bein mindestens fünfmal.

Machen Sie Ihre Erfahrungen mit dem Plus an Bewegung im Alltag. Besonders, wenn Sie sich seit Jahren standhaft weigern, auch nur die kleinste Form von Bewegung in Ihrem Leben zuzulassen, werden Sie schnell merken, dass

Art der Bewegung	**Montag**	**Dienstag**	**Mittwoch**	**Donnerstag**	**Freitag**	**Samstag**	**Sonntag**
Treppe statt Aufzug							
Zu Fuß statt mit dem Bus							
Mal eben schnell mit dem Fahrrad							
Frische Luft statt Koffein							
Bürobesuch statt Intranet							
Zügig um den Supermarkt							
Ein Tänzchen mit dem Wischmopp							
Badewannengymnastik							

Sie sich bereits mit diesem Minimalprogramm besser, beweglicher und fitter fühlen als vorher. Der Schritt zu den beiden 2 + 2s wird Ihnen nun viel leichter fallen.

Führen Sie eine Woche Buch darüber, wie oft Sie frischen Wind in Ihren Alltag gebracht haben! Haben Sie es eine Woche lang geschafft, mindestens einen der acht Vorschläge umzusetzen, ist eine Belohnung fällig.

2 + 2 = Krafttraining + Ausdauertraining

Obwohl schon seit den 50er Jahren verstärkt auf die hohe Bedeutung von körperlicher Aktivität für die Gesundheit und Leistungsfähigkeit des Menschen hingewiesen wird, scheint sich die praktische Umsetzung dieses Wissens in den westlichen Zivilisationsländern bis heute kaum durchgesetzt zu haben. Lediglich 10–13 % der Bundesbürger sagen von sich, in einem präventiv wirksamen Umfang sportlich aktiv zu sein. Das muss anders werden!

Die ominöse Zahlenkombination 2 + 2 ist Ihnen bis hierher schon häufiger begegnet. Und dass es sich hierbei nicht um Numerologie handelt, müsste sich Ihnen bereits erschlossen haben. Stattdessen geht es bei 2 + 2 um die angstbesetzten Begriffe Ausdauertraining und Muskelaufbau.

Für Faule sind Ausdauertraining und Krafttraining natürlich Fremdwörter, hinter denen sich gar Schreckliches verbergen kann. Tut es aber nicht. Bevor Sie nun alles Wissenswerte über die Trainingsmöglichkeiten erfahren, sollten Sie jedoch folgende Regeln berücksichtigen:

Zehn goldene Regeln für gesundes Sporttreiben

1. Vor dem Sport: Gesundheitsprüfung

Sind Sie

a) blutiger Anfänger oder Wiedereinsteiger und über 35 Jahre alt?

Haben Sie

b) Vorerkrankungen oder Beschwerden, z. B. Rückenprobleme?

c) Risikofaktoren aufzuweisen wie Rauchen, Bluthochdruck, erhöhte Blutfettwerte, Diabetes, Bewegungsmangel oder Übergewicht?

Wenn auch nur einer der Punkte zutrifft, dann heißt es: Erst zum Arzt, dann zum Sport!

2. Sportbeginn mit Augenmaß

Beginnen Sie langsam und steigern Sie behutsam die Belastung, also die Intensität, Häufigkeit und Dauer. Wenn Sie in einem Verein, bei einem Lauftreff oder im Fitness-Studio trainieren, dann werden Sie meistens betreut, und man achtet darauf, dass Sie sich nicht überfordern. Wenn

Sie allerdings alleine trainieren, ist es sinnvoll, sich eine Pulsuhr zu besorgen und sich ansonsten streng an die Ratschläge bezüglich der Belastungsintensität zu halten, die Sie in diesem Buch finden. Sie können natürlich auch Rücksprache mit Ihrem Hausarzt halten.

Wenn der Schweinehund mal wieder zupackt ...

Nein, klappen Sie jetzt nicht das Buch zu! Jetzt sind Sie doch schon so weit gekommen – lesen Sie erst einmal, was auf Sie zukommt, und entscheiden Sie dann, ob es wirklich so eine Zumutung ist.

3. Überbelastung beim Sport vermeiden

Die goldene Regel ist hier: Besser länger und locker trainieren als kurz und heftig. Besonders Männer neigen zu Überforderung, da sie sonst das Gefühl haben, gar nicht »richtig« trainiert zu haben. Das aber ist ein Irrtum, denn Sport soll Spaß machen und keine Qualen bereiten, und nach dem Sport sollten Sie angenehm erschöpft und nicht völlig ausgepowert sein. Beim Ausdauertraining sollte man sich deshalb noch unterhalten können. Zudem können Sie sich auch bei einem Sportmediziner Ihren Trainingspuls ausrechnen lassen.

4. Nach Belastung ausreichende Erholung

Planen Sie nach einem intensiveren Training lockerere Trainingseinheiten ein. Das heißt konkret, dass Sie nach Ihrem Walking- oder Jogging-Pensum Ihren Puls langsam wieder in den Ruhezustand bringen und nicht abrupt aufhören. Gehen Sie langsam aus und machen Sie Dehnübungen. Das hilft Ihrem Körper, zur Ruhe zu kommen. Achten Sie weiterhin auf eine ausreichende Erholung nach der Belastung. Das bedeutet Schlaf und mindestens ein Tag zwischen den Trainingstagen, an denen kein Sport getrieben wird.

5. Sportpause bei Erkältung und Krankheit

Gönnen Sie Ihrem Körper Ruhe und Erholung, wenn ein Infekt vorliegt. Bei »Husten, Schnupfen, Heiserkeit«, bei Fieber oder Gliederschmerzen, bei Grippe und allen anderen akuten Erkrankungen sollten Sie eine Sportpause einlegen und anschließend einen allmählichen Wiederbeginn anstreben.

6. Verletzungen vorbeugen und ausheilen

Vergessen Sie nie die Aufwärm- und Dehnphase. Sie gehört zu jedem Training und ist ebenso wichtig wie das Ausdauertraining selbst. Falls Sie verletzt sind, sollten Sie Ihrem Körper die Zeit zum vollständigen Ausheilen geben, die er braucht. Auf keinen Fall sollten Sie sich »fitspritzen« lassen. Auch auf Schmerzen gilt es zu achten, sind sie doch ein Warnsignal des Körpers, der auf etwas aufmerksam machen möchte. Im Zweifelsfall sollten Sie einen Sportmediziner zu Rate ziehen.

Wenn der Schweinehund mal wieder zupackt ...

Ich fühl mich so schwach, und hier zwickt es, und da tut es weh!

Sie sollten allerdings auch nicht jedes kleinste Zipperlein als faule Ausrede benutzen, um wieder einmal um die sportliche Betätigung herumzukommen.

7. Sport an Klima und Umgebung anpassen

Einen wichtigen Anteil hierbei hat die Kleidung. Sie soll angemessen, funktional und nach außen durchlässig für Feuchtigkeit, also den Schweiß, sein. Sie sollten sich wohl fühlen – und dafür bedarf es weder einer teuren Marke noch des letzten Schreis aus dem Sportgeschäft. Allerdings: Wenn Sie schon das eine oder andere Pfündchen verloren haben, macht es Ihnen vielleicht auch großen Spaß, sich zur Belohnung was Schönes für den Sport anzuschaffen.

Achten Sie auf jeden Fall darauf, dass die ausgewählte Kleidung und die Trainingsintensität der Witterung angepasst sind. Das heißt, wenn es kalt ist, sollte die Kleidung warm, windabweisend und atmungsaktiv sein. Bei heißem Wetter sollten Sie das Training reduzieren und verstärkt auf die Flüssigkeitszufuhr achten. Falls Sie in der Höhe trainieren, achten Sie auf die verminderte Belastbarkeit, da der Sauerstoffgehalt hier abnimmt. Bei erhöhter Schadstoff- oder Ozonbelastung der Luft sollte das Training reduziert und nur morgens oder abends durchgeführt werden, weil dann die Werte vergleichsweise moderat sind.

8. Auf richtige Ernährung und Flüssigkeitszufuhr achten

Die Kost sollte kohlenhydrat- und ballaststoffreich sein und natürlich fettarm. Das dürfte Ihnen bereits bekannt vorkommen, ebenso wie das Stichwort »mediterrane Ernährung«.

Gleichen Sie den Flüssigkeitsverlust nach dem Sport durch mineralhaltiges Wasser aus und trinken Sie bei Hitze mehr.

9. Sport an Alter und Medikamente anpassen

Sport im Alter ist ebenso sinnvoll und notwendig wie in jüngeren Jahren. Er sollte auch genauso vielseitig sein. Und man sollte auf Ausdauer, Kraft, Beweglichkeit und Koordination achten. Werden allerdings Medikamente genommen, so sollte sowohl der Einnahmezeitpunkt als auch die Dosis dem Sport angepasst werden. Auf jeden

Fall sollten Sie im Alter vor dem Beginn einer sportlichen Aktivität Ihren Hausarzt konsultieren.

10. Sport soll Spaß machen

Wenn Sie sich an die vorangegangenen neun Punkte halten, dann sind Sie auf dem besten Weg dazu, dass Ihnen Sport Spaß macht. Besonders die moderate Belastung führt dazu, dass sich körpereigene Glückshormone in Ihnen breitmachen, Stress abgebaut wird und Sie in der Folge zufriedener und ausgeglichener sind.

Falls Ihnen jedoch nach einer gewissen Zeit der ausgeübte Sport weniger Spaß bereitet als zu Anfang, dann gehören Sie zu den Menschen, die viel Abwechslung brauchen: Suchen Sie sich eine neue Sportart. Manche Menschen gehen lieber an die frische Luft und trainieren alleine, andere bewegen sich lieber in der Gruppe und im Fitness-Studio. Fragen Sie sich, was für Sie am ehesten in Frage kommt.

Ein Warnsignal ist es, wenn der gewohnte Sport plötzlich als zu anstrengend empfunden wird. Hier kann eine Erkrankung vorliegen, und sicherheitshalber sollten Sie dann einen Arzt aufsuchen. Auch helfen regelmäßige sportärztliche Vorsorgeuntersuchungen, Schäden zu vermeiden und den Spaß an der Bewegung somit zu erhalten.

Ausdauertraining

Ein konstantes Ausdauertraining ist nach einer gesunden Ernährung und dem Krafttraining zum verstärkten Muskelaufbau die wirksamste Waffe gegen überflüssige Pfunde. Durch lockeres Training, das heißt Bewegung auf einem niedrigen Belastungsniveau, werden die Speckröllchen zwar nicht so effektiv minimiert wie beim Krafttraining – dennoch pumpt das Herz ausreichend Blut in die Muskeln, und der darin transportierte Sauerstoff fördert die Fettverbrennung. Ideal ist ein Belastungsniveau von 65–85 % der maximalen Herzfrequenz. Diese entspricht etwa einem Wert von 220 minus Lebensalter. Für einen 40-jährigen Läufer liegt die maximale Herzfrequenz also bei 220–40 = 180. Der Puls bei einer Belastung von 65–85 % sollte demnach zwischen 117 und 153 liegen.

Die gesteigerte Durchblutung sorgt beim Ausdauertraining für rosige Wangen und gute Laune – setzt der Körper doch beim Training körpereigene Glückshormone frei, die so genannten Serotonine.

Außerdem wird der Grundumsatz angehoben und bleibt auch nach dem Training höher – das bedeutet, dass der Körper mehr Fett verbrennt. Zudem wird Stress abgebaut, was der Gesundheit zuträglich ist und Frustvöllerei im Keim erstickt.

Das beste und effektivste Ausdauer-Training ist das Walken oder Joggen.

Die vielen Vorteile des Walkens

Vielleicht haben Sie sie ja bereits gesehen: Menschen, die forschen Schrittes und im Sportdress im Park ihre Runden drehen – ohne zu laufen! Dann haben Sie sicher auch schon registriert, dass diese Spezies nicht den Eindruck vermittelt, als ginge es ihnen an die Kraftgrenzen. Weder sind die Augen trübe, die Hand zittrig noch die Bewegungen fahrig – nein: Walker gehen zügig, aber strapazieren weder ihre Gelenke noch ihren Kreislauf. Das liegt daran, dass Walken ein aerober Sport ist. Muskeln, wie auch alle anderen Körperbereiche, brauchen Sauerstoff. Über das Blut wird den Zellen Sauerstoff zugeführt, und dort wird dann in der Aufwärmphase Kohlenhydrat abgebaut. Allerdings nur, solange Sauerstoff vorrätig ist. Dieser Vorgang wird als Kohlenhydrat-Stoffwechsel bezeichnet. Nach 20 bis 30 Minuten schließlich stellt sich der Körper auf den Fett-Stoffwechsel um, der auch nur dann funktioniert, wenn genügend Sauerstoff vorhanden ist. Der aerobe Fett-Stoffwechsel ist der Ausdauer-Stoffwechsel und das Ziel des Trainings, denn mit ihm geht es ran an die Speckröllchen.

Aerob bedeutet, dass das Training im Zustand des Sauerstoffüberschusses geschieht. Anaerob bedeutet demnach das Gegenteil, also Training im Sauerstoffdefizit. Im anaeroben Zustand ist die Milchsäurekonzentration im Blut zu hoch, die körperliche Anstrengung sehr groß und die Energieausbeute geringer.

Unser Ziel ist das Training im aeroben Bereich, denn nur wer im aeroben Bereich trainiert, hat eine effektive Energieausnutzung, und nur da werden ab 20 bis 30 Minuten Training die Fettdepots im Körper angezapft. Die hohe Kunst besteht nun darin, den Trainingsbereich zu finden, in dem Ihr Körper Muskeln auf- und Fett abbaut. Anfänger haben als Indikator 75 % ihrer maximalen Herzfrequenz auf der Pulsuhr, Trainierte 85 bis 90 %. Die Pulsuhr ist deshalb empfehlenswert, denn sie hilft Ihnen dabei, das richtige Maß zu finden.

Natürlich kann man in jeder Sportart (ausgenommen vielleicht dem Radfahren auf den Tourmalet oder einem 400-m-Hürdenlauf) aerob trainieren, Anfänger neigen jedoch dazu, sich zu überfordern. Diese Gefahr ist beim Walken relativ gering, und genau deshalb ist Walken für Anfänger ein optimales Training. Unterfordern sollten Sie sich allerdings auch nicht. Denn es gilt: Ohne Schweiß keine Fettverbrennung!

1. Walken ist einfach

Es gibt kaum eine Sportart, die so einfach ist, denn zum richtigen Gehen bedarf es keines Talents – lediglich Achtsamkeit ist zu Anfang gefragt, so lange, bis sich die Bewegungsabläufe verinnerlicht haben.

2. Walken ist effektiv

Walken hat nichts mit Spazierengehen zu tun und kann sehr wohl anstrengend sein – schließlich bewegen wir uns genau im Grenzbereich zwischen Laufen und Gehen. Ihre Gesundheit dankt es Ihnen mit einem gestärkten Immunsystem, strapazierfähigeren Bändern und einem verbesserten Stoffwechsel. Ihre Speckröllchen nehmen es Ihnen dagegen übel, vergraulen Sie sie doch mit der Zeit mehr und mehr. Zudem wird der Muskelanteil in Ihrem Körper angehoben.

3. Walken kann jeder

Walken kann wirklich jeder, denn es bedarf keiner allzu großen Geschicklichkeit. Besonders übergewichtigen Menschen kann Walken nur wärmstens empfohlen werden, ebenso Menschen mit Knie- und Rückenproblemen, denn kaum ein Sport ist so gelenkschonend. Ihre belastungsentwöhnten Knochen und Bänder werden Ihnen dankbar sein, wenn Sie erst einmal sanft gefordert werden.

4. Walken kann man überall

Walken können Sie überall! Sie brauchen kein Fitness-Studio, und damit entfallen hohe Kosten, eine mitunter anstrengende Kleiderordnung, Termine, an die Sie sich halten müssen, und das Problem, das sich stellt, sobald Sie auf Reisen sind. Beim Walken sind Sie völlig frei.

Wenn der Schweinehund mal wieder zupackt ...

Sooo, jetzt reicht's aber wirklich, das sagt mir meine innere Uhr!

Aber Achtung: Die Freiheit birgt natürlich auch Gefahren. Niemand kontrolliert Ihre Anwesenheit, und niemand außer Ihnen guckt auf die Uhr. Halten Sie sich deshalb vor Augen, dass Sie beim »Schwänzen« dennoch nicht ganz ungeschoren davonkommen – schließlich gibt es immer noch Ihr schlechtes Gewissen!

5. Walken macht den Kopf frei

Wer an der frischen Luft walkt, wird bald merken, dass er Stress und Alltag einfach hinter sich lässt. Durch den gleichmäßigen Bewegungsablauf, das tiefe Ein- und Ausatmen und die vorbeiziehenden Bilder lässt es sich wunderbar abschalten, und die Sorgen und Probleme, die einen sonst gerne verfolgen, vergisst man im Lauf des Trainings. Außerdem wird beim Walken Stress abgebaut, was die beste Voraussetzung dafür ist, nachts leichter ein- und dann auch durchzuschlafen.

6. Walken macht schlau

Durch die verbesserte Durchblutung und Sauerstoff-Versorgung wird das Gehirn besser versorgt. Das macht sich bei der Merk- und Konzentrationsfähigkeit schon bald bemerkbar.

7. Walken ist Schokolade für die Seele

Die körpereigenen Glückshormone, die so genannten Serotonine, wirken genauso wie Schokolade. Die Welt um uns herum erscheint rosaroter als zuvor, und man kann optimistischer in die Zukunft blicken.

8. Walken ist die beste Diät

Durch Training im aeroben Bereich, also mit Sauerstoff-Überschuss, werden Fett-Depots zum Schmelzen gebracht. Zudem werden eine ganze Menge Kalorien verbraucht, also der Leistungsumsatz angehoben, und durch den Muskelzuwachs wird auch der Grundumsatz gesteigert.

9. Walken bringt Energie für Körper und Geist

Walken steigert das Lungenvolumen, die Durchblutung und somit die Sauerstoff-Versorgung, es stärkt das Immunsystem, macht stressresistenter, schlank und beweglich – und bringt so Energie für Körper und Geist.

10. Walken kann gesellig sein

Wer nicht gerne alleine Sport treibt, kann natürlich auch in der Gruppe walken. Die Fähigkeit, auch während des Walkens ein Gespräch zu führen, kann zudem als Indiz dafür genommen werden, ob man sich noch in einer für den Körper gesunden Weise belastet und im aeroben Bereich trainiert oder ob man sich anaerob überstrapaziert.

Technik

Walken kommt von Gehen, und Gehen unterscheidet sich vom Laufen als Erstes durch die fehlende Flugphase. Während beim Laufen beide Füße kurzfristig den Bodenkontakt verlieren, bleibt beim Walken immer ein Bein am Boden. Die Kräfte, die dabei auf die Gelenke einwirken, sind maximal das 1- bis 1,5-Fache des Körpergewichts. Beim Laufen kann das 3- bis 4-Fache erreicht werden.

Walken unterscheidet sich vom normalen Gehen durch die höhere Geschwindigkeit, einer damit verbundenen höheren Schrittfrequenz und den aktiven Armeinsatz. Der Fußaufsatz erfolgt möglichst hüftbreit. Das Kniegelenk ist nicht vollständig gestreckt, sondern leicht angewinkelt. Die Arme sind in 90°-Stellung angewinkelt und schwingen seitlich am Körper wechselseitig zu den Beinen. Ist das rechte Bein vorne, dann ist es auch der linke Arm.

Nordic Walking

Ursprünglich als Sommer-Trainingsmethode der Spitzenathleten aus den Bereichen Langlauf, Biathlon und der nordischen Kombination entwickelt, mauserte sich Nordic Walking nur kurze Zeit später in Finnland und Norwegen zum trendigen Breitensport. Die Vorteile liegen auf der Hand: Noch gelenkschonender als das »normale« Walken, verbrennt der Körper beim Nordic Walking rund 400 kcal pro Stunde. Das ist zwar rund ein Drittel weniger als beim Joggen, aber 40–50 % mehr als beim Walken ohne Stöcke. Es ist ebenso leicht und schnell erlernbar, vermittelt jedoch zusätzlich noch ein sehr sicheres Laufgefühl, auch auf glattem Untergrund. Durch die zusätzliche Arm-Stock-Arbeit wird der gesamte Muskelapparat beansprucht. Schulter- und Brustmuskulatur werden gestrafft, die Arme gestärkt und gleichzeitig Muskelverspannungen im Schulter- und Nackenbereich gelöst. Selbst bei niedrigem Tempo wird die aerobe Fitness gesteigert: Pulsfrequenz und Kalorienumsatz erhöhen sich. Und noch einen weiteren Vorteil haben die Stöcke: Das Gewicht wird auf alle vier Extremitäten gleichmäßig verteilt. Anders als beim klassischen Walking fangen dabei die Arme einen Teil der Belastung auf, und so werden Wirbelsäule, Knie- und Sprunggelenke entlastet.

Die optimale Stocklänge beträgt 70 % der Körpergröße (Körpergröße in cm × 0,7) und die speziell entworfenen Handschlaufen gewährleisten einen ermüdungsfreien

Einsatz der Stöcke über längere Trainingszeiträume. Um die verschiedenen Bodenbeschaffenheiten zu berücksichtigen, kann die Spitze der Stöcke wahlweise mit Gummipads (bei einem glatten Untergrund wie einer asphaltierten Straße) oder einer Metallspitze (bei weicherem Untergrund wie Waldboden und Feldwege) ausgestattet werden.

Mit Stöcken locker in Hochform

Falls Sie in grauer Vorzeit schon einmal Ski-Langlauf betrieben haben, dürfte Ihnen das Nordic Walking leicht von der Hand gehen, denn die Bewegungsabläufe weisen eine große Ähnlichkeit auf. Wie auch beim »normalen Walken« schwingen die Arme diagonal mit, also rechtes Bein und linker Arm sind vorne beziehungsweise umgekehrt – allerdings wird bei der Armbewegung der bewusste Stockeinsatz integriert. Wenn nun also das linke Bein mit der Ferse den Boden berührt, so setzt auch der Stock der rechten Hand auf und natürlich umgekehrt. Achten sollte man darauf, dass die Stöcke nicht die ganze Zeit über festgehalten werden müssen – das würde die Blutzirkulation beeinträchtigen. Mit Hilfe der Schlaufen schwingen die Stöcke stattdessen mit und werden erst gehalten, wenn sie wieder aufgesetzt werden sollen. Die Belastung lässt sich beim Nordic Walking durch zwei Möglichkeiten erhöhen: entweder durch das Tempo oder durch einen kräftigeren Einsatz der Arm- und Oberkörpermuskulatur. Am wirkungsvollsten ist Nordic Walking in leicht hügeligem Gelände, und natürlich macht eine abwechslungsreiche Landschaft Nordic Walking noch interessanter und kurzweiliger. Anfänger sollten in flachem oder leicht ansteigendem Gelände beginnen.

Es werden sogar Einführungskurse angeboten, die für Anfänger sehr nützlich sein können, denn eine falsche Technik, die man sich am Anfang aneignet, lässt sich nur sehr schwer wieder abgewöhnen. Die speziell für das Nordic Walking entwickelten Handschlaufen erlauben eine exakte Führung der Stöcke, ohne dass diese permanent umklammert werden müssen. Das ständige Öffnen und Schließen der Hand aus der Laufbewegung heraus gehört zu den Grundtechniken beim Nordic Walking. Schwierig ist das alles nicht, wenn man erst einmal weiß, wie es geht.

Nordic Walking ist unter qualifizierter Anleitung leicht zu erlernen. Zudem ist man flexibel, es macht viel Spaß, ist kurzweilig und gesund. Für Menschen, denen Joggen zu anstrengend ist und denen das klassische Walking nicht genügend körperliche Leistung abfordert, aber auch für Übergewichtige und Menschen mit Knie-, Gelenk- und Wirbelsäulenproblemen ist Nordic Walking ideal.

Kalorienverbrauch

Sitzen	Walken	Laufen
ca. 1,3 kcal pro kg/Stunde	**ca. 6 kcal** pro kg/Stunde	**ca. 10 kcal** pro kg/Stunde
(Sitzmensch)	(3–4-mal 1h/Woche bis 5,8 km/h)	(trainierter Läufer 3–4-mal 1h/Woche bei 9 km/h)

Fettverbrennung

Sitzen	Walken	Laufen
ca. 1,3 kcal × 70 kg = 91 kcal/h	**ca. 6 kcal × 70 kg** = 420 kcal/h	**ca. 10 kcal × 70 kg** = 700 kcal/h
35 % Fettverbrennung = 32 kcal aus Fett/h	45 % Fettverbrennung = 189 kcal aus Fett/h	70 % Fettverbrennung = 490 kcal aus Fett/h
32:9,3* = **3,4 g Fett**	189:9,3 = **20 g Fett**	490:9,3 = **53 g Fett**
* 1 g Fett ergibt bei der Fettverbrennung 9,3 kcal		

Aufwärmen und Dehnen

Nach und vor dem Sport ist eines ganz wichtig: Die Zeit für Dehnübungen muss immer noch da sein (s. S. 234 ff.). Vor dem Sport vermindert ein aufgewärmter und gedehnter Körper das Verletzungsrisiko um ein Vielfaches und stimmt den Kreislauf auf die kommende Belastung ein. Nach dem Sport hilft ein Dehnprogramm, Verspannungen zu lockern und den Körper geschmeidiger und beweglicher werden zu lassen.

Joggen

Joggen ist empfehlenswert für Menschen, die kaum übergewichtig sind und sich bereits seit einiger Zeit wieder an Bewegung gewöhnt haben. Während man sich beim Walken und Nordic Walking mit Sätzen wie »Ich walke rasch und zügig« ruhig selbst motivieren sollte, ist beim Joggen eher an Sätze wie »Laufen, ohne zu schnaufen« zu denken, denn die Gefahr der Überforderung ist beim Joggen eindeutig höher als beim Walken. Dafür verbrennt der Körper beim Joggen deutlich mehr Energie!

Beim Joggen ist man genauso flexibel wie beim Walken. Allerdings ist es eindeutig anstrengender und weniger gelenkschonend. Dafür ist es aber auch die effektivste Ausdauer-Sportart. Da es nur beim Joggen eine Flugphase gibt, ist hierbei die Kraftanstrengung am größten. Man erreicht dadurch schneller sein Ziel als bei den beiden anderen Disziplinen. Beim Joggen ist es jedoch besonders empfehlenswert, über die Anschaffung einer Pulsuhr nachzudenken.

Ausrüstung

Das Wichtigste ist der Schuh – egal ob Sie Walken, Joggen oder Nordic Walking betreiben. Die drei Sportarten erfordern jedoch unterschiedliches Schuhwerk.

Dehnen der Seitenmuskulatur	Die Beine stehen schulterbreit auseinander, die Knie werden nicht ganz durchgedrückt. Stehen Sie ganz locker. Stützen Sie nun eine Hand in die Taille, die andere zieht langsam über den Kopf. Halten Sie die Dehnung 10 bis 15 Sekunden und vermeiden Sie ruckartige Bewegungen.	
Dehnen der Leistenmuskulatur	Stellen Sie sich breitbeinig hin und verlagern Sie Ihr Gewicht auf ein Bein. Stützen Sie sich auf diesem Bein ab und gleiten Sie mit dem anderen gestreckten Bein so weit zur Seite, bis Sie ein Ziehen in der Leistenmuskulatur spüren. Halten Sie den Rücken dabei gerade nach vorne und drücken Sie den Po leicht heraus.	
Dehnen der vorderen Oberschenkelmuskulatur	Diejenigen unter Ihnen, die es können, machen die Übung, ohne sich abzustützen, die anderen suchen mit der freien Hand Halt. Die andere Hand umfasst den nach hinten gebeugten Fuß und zieht ihn langsam zum Gesäß. Vermeiden Sie dabei eine Hohlkreuzbildung. Halten Sie die Dehnung 20 bis 30 Sekunden lang und dehnen Sie dann das andere Bein.	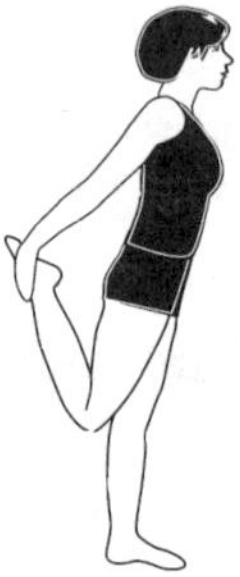

Dehnen des großen Brust-muskels	Winkeln Sie einen Ellenbogen und das Handgelenk so an, dass die Handfläche nach vorn zeigt. Führen Sie den Arm nun aus der Schulter nach hinten. Beide Seiten abwechselnd dehnen. Halten Sie die Dehnung 20 Sekunden.	
Dehnen der Waden-muskulatur und der Oberschen-kelrück-seiten	Gehen Sie in eine weite Schrittstellung, verlagern Sie das Gewicht auf das vordere Bein und lassen Sie den Fuß des hinteren Beins vollständig am Boden. Sie spüren eine Dehnung in der Wade und halten diese 20 bis 30 Sekunden.	
Tiefes Ein- und Ausatmen	Verschränken Sie zum Schluss beim Einatmen die Hände im Nacken. Die Ellenbogen ziehen etwas nach hinten, so dass der Brustkorb sich weitet.	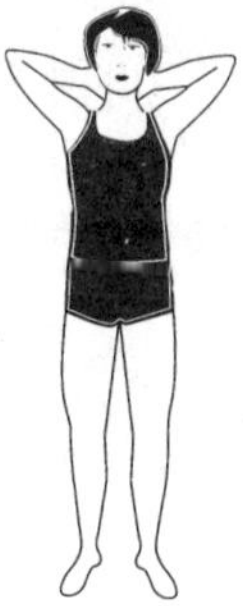

Beim Ausatmen …	… nehmen Sie die Arme nach vorne, beugen den Oberkörper nach vorne und stützen sich locker auf dem Oberschenkel ab. Mehrmals wiederholen.	

Das Hauptmerkmal eines Walkingschuhs ist die leicht gerundete Sohlenform (»Schaukelstuhlform«) und die im Vergleich zum Joggingschuh dünnere und elastischere Zwischensohle. Dadurch soll die natürliche und kraftsparende Abrollbewegung des Fußes gefördert werden.

Durch die höheren Aufprallkräfte beim Laufen sind Joggingschuhe in der Regel besser gedämpft als Walkingschuhe und eignen sich deshalb besonders bei Übergewicht, Gelenkbeschwerden oder Training auf hartem Untergrund. Auch sollten spezielle Fußfehlstellungen – also Normal-, Senk- oder Hohlfuß – beim Schuhkauf Berücksichtigung finden.

Generell gilt:

- Wichtig ist der Untergrund, auf dem Sie hauptsächlich laufen oder walken wollen.
- Ihr großer Zeh muss zur Schuhspitze einen Daumen breit Platz haben.

- Der Schuh muss wirklich gut passen und darf nicht drücken.
- Kaufen Sie den Schuh, der am besten passt, und nicht den, der am günstigsten ist.

Leider sind immer noch zu viele Läufer und Walker mit falschem Schuhwerk unterwegs. Um sicher zu sein, sollten Sie eine Laufbandanalyse in Kauf nehmen, die bereits von vielen Laufschuhfachgeschäften kostenlos angeboten wird. Eine Adressenliste führender Zentren in Deutschland finden Sie unter www.desphegel-partner.de.

Die Kleidung sollte aus atmungsaktiven Funktionsfasern bestehen. Sie sorgen für einen idealen Feuchtigkeitstransport von der Haut weg und bewirken, dass sich der Körper nicht überhitzt. Der mitunter höhere Kaufpreis wird durch hohen Tragekomfort, Pflegeleichtigkeit und Langlebigkeit wieder ausgeglichen.

Krafttraining

Das Ausdauertraining leistet zwar viel, kann aber nicht alle Probleme allein lösen. So werden weder beim Laufen noch beim Radfahren oder Treppensteigen die tiefer liegende Muskulatur am Bauch oder die kurzen Muskeln zwischen den Wirbeln beansprucht. Sie sind daher bei fast allen Menschen zu schwach ausgebildet – was wiederum zu Kreuzschmerzen führt. Außerdem hat meine Langzeitstudie eines ganz deutlich gezeigt: Krafttraining wirkt effektiver gegen Speckröllchen als Ausdauersport. Muskeln werden beim Krafttraining erzeugt – und Muskelmasse verdrängt die Fettröllchen. So zielen auch die Kraft-Übungen darauf ab, alle wichtigen Muskelpartien im Rücken-, Nacken-, Brust-, Bein-, Bauch- und Armbereich zu stärken und zu kräftigen.

Minimaler Aufwand – maximaler Erfolg: Übungen für zu Hause

Bankstellung

Begeben Sie sich in den Kniestand und spannen Sie Bauch und Po an. Das rechte Bein und den linken Arm ausstrecken und leicht nach oben ziehen. Die Beckenknochen bilden eine parallele Linie mit dem Boden. 10 bis 15 Sekunden halten. Seiten wechseln.

U-Halte

Legen Sie sich mit dem Bauch auf den Boden, Bauch und Po anspannen, Zehenspitzen aufsetzen. Die Arme in U-Haltung nach vorne, die Handflächen zeigen Richtung Boden. Schulterblätter zusammenziehen, die Arme dabei leicht anheben. Nun die Nase etwa 2 cm vom Boden abheben. Machen Sie ein Doppelkinn. Die Position 10 bis 15 Sekunden halten und immer schön atmen.

Gerader Crunch

Für eine knackige Bauchmuskulatur. Auf den Rücken legen, Oberkörper anheben, bis sich die Schultern vom Boden lösen (Lendenwirbelsäule bleibt am Boden). Beine anwinkeln. Auf eine gerade Halswirbelsäule achten. Hände in Richtung Beine drücken: Die Armhaltung bestimmt dabei die Intensität der Übung. Durchführen, bis ein deutliches Kräftigungsgefühl im Bauch zu spüren ist.

Bridging

Auf den Rücken legen, die Füße auf den Boden setzen und den Po anheben: Knie-, Hüft- und Schultergelenke bilden eine Linie. Po anspannen. 10 bis 15 Sekunden halten.

Seitenstütz

Gut fürs Becken, die Rumpfstabilisation und die Koordination. Ein Ellenbogen stützt unterhalb der Schulter ab. Schultern, Hüfte und Oberschenkel bilden eine Linie. Arm- und Beinhaltung bestimmen die Intensität. 10 bis 15 Sekunden halten.

(Knie-)Liegestütz

Eine einfache Variante für Einsteiger: Gehen Sie in die Bauchlage. Verschränken Sie die Füße, winkeln Sie die Beine an. Die Knie sind Ihre Auflagefläche. Die Hände liegen parallel zu den Schultern auf Brusthöhe. Drücken

Sie sich ab. Mindestens zweimal versuchen und steigern. Wenn das gut klappt, folgt die Steigerung: Wie beim Knie-Liegestütz, aber Auflagefläche sind nun die Zehenspitzen. Mindestens zweimal versuchen und langsam steigern.

Abgenommen und was nun?

Wenn die ersten Monate ins Land gegangen sind, einige unter Ihnen bereits ihr Wunschgewicht erreicht haben, alle aber auf jeden Fall schon einige Pfunde abgespeckt haben – dann kommt für viele unter Ihnen eine harte Bewährungsprobe.

Das Projekt »Speck weg« ist in eine entscheidende Phase getreten. Denn diejenigen, die noch weiter abnehmen wollen, müssen damit fertig werden, dass die Kilos nicht mehr so rasch purzeln wie zu Anfang, und die anderen, die ihr Gewicht erreicht haben, dürfen sich nicht auf ihren Lorbeeren ausruhen. Bei beiden Gruppen meldet sich auf jeden Fall der Schweinehund laut zu Wort. Jetzt heißt es, ihn an die Kette zu legen und ihm keine allzu große Beachtung zu schenken. Es ist nicht immer einfach, sich selbst zu motivieren und das Fitness-Programm durchzuhalten – einfacher wird es, wenn Sie das Training zu bestimmten Zeiten absolvieren.

Nehmen Sie sich ein Beispiel!

Als sich Astrid Weindl entschied, bei der »Focus«-Studie mitzumachen, hatte sie das Gefühl, dass es bereits »fünf vor zwölf« war. Die Voruntersuchungen gaben ihr Recht: Ihr Cholesterin-, ihr Blutdruck- und ihr Blutzuckerspiegelwert fielen viel zu hoch aus und bildeten ernst zu nehmende Risikofaktoren. Ihr BMI von 33,3 war im adipösen, also im fettleibigen Bereich. Sie hatte in den vergangenen acht Jahren 28 kg zugenommen und war in einem schier endlosen Kreislauf von Diät und Gewichtszunahme gefangen – der so genannte Jo-Jo-Effekt, der auch Ihnen bekannt sein dürfte. Ihr allgemeines Wohlbefinden war äußerst schlecht, ebenso die Kondition. Freizeitaktivitäten waren mit großem Kraftaufwand verbunden. Hinzu kam der Frust über ihr Äußeres. Ihr Ziel war es deshalb, aus dem »Teufelskreis der Diäten – Frustration – Resignation« auszubrechen, etwas für ihre Gesundheit zu tun und ihr Aussehen zu verbessern.

Das hat sie geschafft! Als bei einem Nachtreffen ein völlig neuer Mensch den Raum betrat, ernannten die anderen Teilnehmer Astrid Weindl spontan zur Fitness-Queen – und das mit Recht. Ihr Bauchumfang reduzierte sich um unglaubliche 38 cm von 117 auf 79, sie hatte bereits über 20 kg abgenommen, und ihren Körperfettanteil um über 10 % verringert! Alles eine Folge der konsequenten Ernährungs- und Bewegungsumstellung.

Allerdings war es anfangs nicht ganz einfach gewesen, berichtete Astrid Weindl. Sie wusste nicht, wie sie bei ihrem stressigen Job als Kulturmanagerin ein Bewegungsprogramm in ihren Alltag integrieren sollte. Begonnen hat sie dann mit dem morgendlichen Walking, für das sie extra früher aufsteht. Außerdem war sie auch bei der Ernährungsumstellung erst einmal ratlos. Früher aß sie nur zweimal täglich, ansonsten nebenbei und zwischendurch.

Statt zweimal und zwischendurch isst sie nun drei Mahlzeiten am Tag und jede Menge Obst. Zudem trinkt sie 3–4 Liter Wasser täglich. Belohnt wird sie mit immensem Gewichtsverlust, Gesundheit, Schönheit und viel mehr Selbstbewusstsein.

Nachdem sie 22 kg verloren hat, sagt Astrid Weindl: »Ich fühle mich bedeutend besser, da ich meine alte Form (im doppelten Sinne) langsam wiederbekomme. Ich habe den Kontakt zur ›alten Astrid‹ mit all ihrer Kraft und Energie. Ich habe das Gefühl, stabil zu sein, mein Selbstwertgefühl ist gestiegen. Ich habe Vertrauen in meine Konsequenz und Zähigkeit, ich bin stolz darauf, die ganzen Hürden überwunden zu haben, um wieder zu mir selbst zu kommen.« Mittlerweile fehlt es ihr, wenn sie einen Tag mit dem Sport aussetzt, und das Walken im Park um die Ecke ist ein Teil ihres neuen Lebensgefühls geworden.

Ihre Ziele: noch weitere 6 kg abnehmen und dann die Form halten. Deshalb hat sie sich angewöhnt, weiterhin über ihre Ernährung und Bewegung Buch zu führen (s. S. 204) – und nach dem Eindruck, den sie vermittelt, dürfte das ein Leichtes sein.

Und was hat das alles mit Ihnen zu tun? Sehr viel, denn Sie sehen: Nach einer Zeit gewöhnten sich Körper und Geist an die Ernährungs- und Bewegungsumstellung! Und dann ist ein durchschlagender Erfolg des PRÄMIEN-Konzepts garantiert.

Zu guter Letzt möchte ich Ihnen noch fünf Anti-Stress-Tipps mit auf den Weg geben – mit denen Sie in Zukunft Ihren Alltags-, Arbeits- und Beziehungsstress viel besser verarbeiten als mit jeder Tafel Schokolade:

Die goldenen Fünf

1. Tagträumerei

Mit welchem Ort verbinden Sie nur Gutes? Welche Situation bedeutet für Sie vollkommenes Glück?

Das kann die Badebucht beim letzten Urlaub sein oder der Supermarkt, in dem Sie Ihre Traumfrau das erste Mal gesehen und sich unsterblich verliebt haben. Reisen Sie in Gedanken dorthin! Stellen Sie sich alle Details vor: den Geruch, das Licht, das Wetter, die Geräusche. Versinken Sie in die Situation und genießen Sie sie. Die Entspannung, die sich bei Ihnen einstellt, wird schon bald erfolgen.

2. Musik

Geeignete Musik kann Sie in kürzester Zeit zur Entspannung führen. Ob bei der Arbeit, beim Spaziergang mit einem Walkman oder zu Hause. Ihrer Musikauswahl sind keine Grenzen gesetzt. Hören Sie genau hin. Der Stress, der Ihnen eben noch die Laune verdarb, ist bald wie weggeblasen!

3. Toben, Tollen, Lachen

Toben, Tollen, Lachen – das sind drei tolle Sachen. Wenn es schon lange her ist, dass Sie verrückte Sachen gemacht haben, dann wird es so langsam Zeit, alte Zeiten aufleben zu lassen und Lebensfreude in vollen Zügen zu tanken. Fast nichts macht den Kopf so frei wie völlige Ausgelassenheit! Und Sie werden staunen, wie lange diese Stimmung den Alltag beeinflussen kann!

4. Manchmal hilft Nachdenken

Viele Situationen, in denen wir in Stress geraten, sind bei einer anderen Betrachtungsweise keine Stressfaktoren mehr. Was können Sie beispielsweise für den Stau, durch den Sie zu spät zu einem wichtigen Meeting erscheinen? Gar nichts. Situationen, die wir nicht beeinflussen können, sollten unseren Stress nicht erhöhen. Besser als der Griff zur Zigarette oder zur Schokolade ist dann gezieltes Überlegen:

a) Welche Situation stresst mich gerade?
b) Wie gehe ich damit um?
c) Was wäre ein angemesseneres Verhalten?

5. Joggen, Walken, Nordic Walking

Wenn Sie das Bewegungsprogramm befolgen, dann werden Sie nach sehr kurzer Zeit bereits merken, dass Sie deutlich stressresistenter werden und vielen Situationen souveräner begegnen. Meine Erfahrung und die der Kursteilnehmer sprechen für sich. Joggen und Walken machen den Kopf frei! Alltagssorgen werden relativiert, Lösungen bieten sich eher an, und durch die neu errungene Kraft fühlt man sich vielem besser gewachsen.

Viel Erfolg und Durchhaltevermögen – und viel Lebensfreude mit Ihrem neuen Selbstbewusstsein

wünscht Ihnen
Dr. Michael Despeghel

P.S. Und das Belohnen nicht vergessen!

Anhang

Literatur

Dr. Michael Despeghel. *Fitness für faule Säcke. Goldmann 2006.*
Michael Hamm. *Fit und Schlank mit dem* GLYX. Droemer Knaur 2003.
Michael Hamm / Friedrich Bohlmann. *Die Idealdiät. Gräfe und Unzer 2003.*
Udo Pollmer / Susanne Warmuth. *Lexikon der populären Ernährungsirrtümer. Piper 2004.*
Carol A. Rinzler. *Ernährung für Dummies. Wiley*-VCH 2000.
Howard M. Shapiro. *Die Bilderbuch-Diät.* Egmont vgs verlagsgesellschaft 2004.

Adressen

Bundeszentrale für gesundheitliche Aufklärung (BzgA)
Ostmerheimer Straße 220, 51109 Köln
Tel: 0221 – 8992-0
www.bzga.de

Deutsche Gesellschaft für Ernährung
Godesberger Allee 18, 53175 Bonn
Tel: 0228 – 3776-600
www.dge.de

Dr. Michael Despeghel
Gesundheits-Consulting – Training – Coaching
Seestraße 27, 78464 Konstanz
Tel: 07531 – 457-2856
www.despeghel-partner.de

Internet-Adressen

www.ernaehrung.de
www.gesunde-rezepte.de
www.info-gesundheit.de
www.walking.de
www.dgsp.de (Deutsche Gesellschaft für Sportmedizin und Prävention)

Register

Sachregister

Rezepte-Register